古典文獻研究輯刊

三六編

潘美月・杜潔祥 主編

第46冊

陸繼輅集
（第三冊）

陳 開 林 整理

國家圖書館出版品預行編目資料

陸繼輅集（第三冊）／陳開林 整理 -- 初版 -- 新北市：花木
蘭文化事業有限公司，2023〔民112〕
目 22+154 面；19×26 公分
（古典文獻研究輯刊 三六編；第 46 冊）
ISBN 978-626-344-304-4（精裝）
1.CST：陸繼輅 2.CST：崇百藥齋 3.CST：學術思想
4.CST：文學評論
011.08   111022068

ISBN-978-626-344-304-4

9 786263 443044

古典文獻研究輯刊
三六編　第四六冊　　　　　　　ISBN：978-626-344-304-4

陸繼輅集（第三冊）

整　　理　陳開林
主　　編　潘美月、杜潔祥
總 編 輯　杜潔祥
副總編輯　楊嘉樂
編輯主任　許郁翎
編　　輯　張雅淋、潘玟靜　美術編輯　陳逸婷
出　　版　花木蘭文化事業有限公司
發 行 人　高小娟
聯絡地址　235 新北市中和區中安街七二號十三樓
　　　　　電話：02-2923-1455／傳真：02-2923-1452
網　　址　http://www.huamulan.tw 信箱 service@huamulans.com
印　　刷　普羅文化出版廣告事業
初　　版　2023 年 3 月
定　　價　三六編 52 冊（精裝）新台幣 140,000 元　　版權所有 · 請勿翻印

陸繼輅集
（第三冊）

陳開林　整理

崇百藥齋三集

崇百藥齋三集序〔註1〕

　　陽湖陸子饌其甲申以來四年之詩，為崇百藥齋弟三集，合詩詞四卷，長洲宋翔鳳為次第其目而序之曰：陸子年過知命，名困外吏，鬱鬱多病，時時傷心，有難割之恩，成無方之別。故經以山川，緯以離合，見其淺也，挹之則深；見其近也，推之則遠。所謂不得已之言尤足以傳也。前者兩集之成，合數十年之作，既已鍛鍊章句，切劘聲音，使讀者惜少壯之意氣，識沉淪而俯仰。或者謂詩人之慷慨無濟於事業，是皆肆奇懷而不返，擿藻景而遂流。若夫忠厚惻怛，明其本原，沈憂懷恍，推其極至，此固平昔之蘊積偶寄託於詞章爾。茲以方滯常調，仍為旅遊，挈累皖水，卒業方志。廉使崧亭先生〔註2〕既眈玩其舊集，復瀏覽夫新篇，為付剞劂，使人快覩。陸子乃更商其去留，因致往復，風雲之氣欲斂，冰雪之懷斯結。然而緣情不嫌綺靡者則以過時之境合當前之事〔註3〕，總千慮於一愛，露萬端於片言。此騷客以歲晚而惜眾芳，詩人以道遠而增雜佩。理有限制，故和而不流；義有歸宿，故擇而尤雅。詠歎之不足，引申於無窮。蓋積差池於去日，願馳驅於末路。攬采蕪穢，潤沃焦枯，形之於言，斯亦悲矣。吾與陸子金石論交，道里相憶，人涉印否，時詠於摻袪；謀適不用，常縈於贈策。各在岐路，同此早衰。日月不居，篇

〔註1〕見宋翔鳳《樸學齋文錄》卷二，題為《陸祁孫崇百藥齋三集序》。（清浮谿精舍叢書本）
〔註2〕「崧亭先生」，《樸學齋文錄》作「岳公」。
〔註3〕「然或緣情不嫌綺靡，設境以致纏綿」，《樸學齋文錄》作「然而緣情不嫌綺靡者，則以過時之境合當前之事」。

牘雖積。雖曰茂矣，又奚益乎？〔註 4〕然又思詩所為作，一篇之中，不忘乎
己、不忘乎人者，皆以寬博之願，空有所蓄而疾痛之，故思有以達，豈其日
暮途遠而徒為無憀不平？陸子雖以拓落，猶非棄置，將可措施，則廉使為續
布其詩，蓋亦深知其志力之所在，〔註 5〕並為抑塞者發其情也。〔註 6〕道光八
年三月。

〔註 4〕《樸學齋文錄》此處有「是既昌其詩，要當見乎用」。
〔註 5〕《樸學齋文錄》此處有「而」。
〔註 6〕《樸學齋文錄》此處有「茲因為之序而並志其願焉」。

崇百藥齋三集目錄

崇百藥齋三集弟一

傷逝集_{甲申}

病起用汪公子_{正鎔}見寄詩韻

曉霧未成雨，落墻上薄曛。病懷仍黯黯，花片已紛紛。開研思殘墨，繙經失舊聞。峭寒蛛網覺，著意織簾紋。

哭劉穎州_珊

春林如夢復如煙，暝色全低望遠天。人惜淮陽資臥治，我疑子晉本飛仙。肩輿小雨邀還坐，病枕昏燈憶對眠。一樣相思不相見，誤招歸雁寄吟箋。

楚天容易薄寒侵，病訊傳來乍淺深。鏡裏孫郎尤惜面，_{君初苦腳腫，自下而上，數日即過項，不復可治。}琴邊司馬久無心。_{君詩才艷異而少戒特嚴。}千篇未了三生慧，一慟平連十日陰。見說徐君墓旁路，靈旗縹緲出疎林。_{君自言以請免河帑一事，冥司論功，當廟食泗州。}

潑水刀光照眼明，黃巾小隊正縱橫。吹箛自作千夫長，滋蔓曾勞九道兵。曲逆貌看戎服稱，晉公來已蔡州平。尺書誇我詩題好，紀事恩恩馬上成。_{此首述君擒邢名章事。}

娟娟秋露欲為霜，為惜清輝忍乍涼。倚檻心情成隔世，離筵涕淚已千行。碧紗悔與籠詩讖，白戰猶煩索報章。_{君病中有詩見懷，用東坡聚星堂韻。}獨有憐才孔文舉，會稽一語斷人腸。_{平叔侍郎書來，深以君體弱為慮。}

—321—

得子濤書

一病經春掩綺疏，燒殘艾納未全除。朝來手卷湘簾坐，恰展楊郎第一書。

病中聞先姊之赴倚枕作文先命聰應設奠稍愈復為位而哭焚致一詩

草草攜家悔遠征，饑驅能使別離輕。更誰見面如慈母，無復裁箋署小名。他日憲昭應合傳，先五姊守節，如例方擬請旌。最難丞簿有循聲。謂昌慈。事親教子心都盡，怪底臨岐一笑行。姊自知亡日，手檢殮具，一如先太孺人。

孫司馬餉筆試寫三絕句

病起值新霽，喜見日杲杲。經月不開牕，方知有牕好。

浮雲上距月輪，不知幾千萬里。遮卻下界清光，何與姮娥瞋喜。

偶惜落花瞋夜雨，欲留殘雪惱春風。浮生恩怨渾如許，泡影紛紛一笑空。

戲題桃花源圖

居然風景寫來真，我卻桃源嬾問津。雞犬長生花壽短，此時愁煞再遊人。

錢太守僑居白門以弔劉潁州之喪枉道過訪留近詩兩冊屬為刪定別後卻寄

頻年宦蹟感搏沙，故吏仍勞走素車。潁州為合肥令，時君方守廬州。傷逝始驚春夢短，耽吟好在夕陽斜。全家屋借江邊艇，三月愁生陌上花。未敢負公諈諉意，一燈商榷到尖義。

余與劉潁州相約斷酒五年矣潁州歿後以下藥故稍稍開戒數日來非連引巨觥不能成寐感念亡友愴然成詩

漫向高陽數舊徒，病來蹤跡避黃鑪。下車詎擬為馮婦，罵坐兼煩戒灌夫。夢裏酒泉聊乞郡，愁中鳥語勸提壺。傷心春雨沉沉夜，小別曾憐燭影孤。

聞劉潁州歿後為泗州城隍之神近日城隍神多有姓氏可據者而蘇緘為邕州城隍乃見於宋史蓋地示人鬼參用久矣聊賦一詩焚寄亡友

一紙除書下九天，依然試吏不成仙。君朝考高等，未入翰林。敢拋鬼簿窺中秘，若較官階是左遷。元伯可能來夢裏，寇君元想借生前。君本由泗州牧擢守潁州。丁寧急為消氛祲，積潦妨耕已十年。

綠牡丹四韻和寄孟塗

病起尋春春已歸，綠陰如夢一徘徊。盡教侍女牽蘿去，難拒仙山放蝶來。草淺可容藏絕豔，竹成正擬潑新醅。寄聲刻翠樊南筆，值為朝雲又費才。

獨夜

獨夜理殘夢，不知身已醒。交期泉路久，暗雨故鄉聽。冷宦仍千里，甘蕉又滿庭。晚晴宜晏起，愁報一車停。

門人夏秀才雲歿逾月矣行過曾園揮淚有作

老梅出屋攫明月，石獸著落披綠蓑。李文定宅廢為蔬圃，惟兩石獅尚存。都是孤行淒絕處，一回經過一摩挲。

劉公子奉遺命來乞墓誌感而有作

當時過許習銘章，戲語曾要盡一觴。正恐蔡邕慙有道，未須朱勃是同鄉。踰溝如約剛三刻，君乘雨渡河，生擒邢名章，遂邀花翎之賜。墮淚無碑已萬行。我亦負薪廉吏子，生金直擬續奇祥。

偶題和子聘

愛才宰相平津館，偕老蓮華學士莊。閒向方塘同照影，玉人猶著嫁時裳。
歸朝夛繡未全辜，抗疏先除故郡租。稍恨當時亡妾淚，不分一掬灑蘼蕪。
山色波光總飼愁，隔江望斷舊粧樓。怪他三月初三夜，那有新詩詠玉鉤。
故物空煩著意尋，一庭桃李換新陰。虞山最是相思地，紅豆無情活到今。
重開塵鏡畫新蛾，斷粉零香委逝波。卿輩姓名誰記省，至今惟唱石城歌。

蝦磯夫人祠

餘火翻資敵，沈淵豈徇名。文偏良史闕，恨未暮潮平。憶昔寧親急，微傷去國輕。何圖椒寢建，不暇鞠衣迎。古道蠱叢遠，訛言鶴唳驚。家門慙九錫，兵法誤連營。忠節兼臣妾，恩讎付舅甥。重滋湘竹色，忍聽杜鵑聲。為感黃陵廟，興懷白帝城。流虹虛子貴，夢月兆辰嬴。詎泄謀桑語，都忘就木盟。神傷蔣侯妹，骨謝漢家塋。正統名原在，偏安勢竟成。興亡前代事，伉儷百年情。眉影遙山黵，刀光夕照橫。搴蘭遺下女，心薄轊塵生。

一雨

一雨散群客，快於書絕交。多言乘病戒，綺夢過春拋。老樹山僧瘠，孤花村女姣。眼前皆伴侶，聊欲號烏巢。

齒痛戲作

楚客讒微辭，晉政咎輕詆。臣性最淺直，一望徹表裏。座揮錢鳳幘，弦激陳琳矢。嫉惡如嫉讎，諤諤頗自喜。三彭上彈章，勅下寅司理。夜來夢置對，申辨不委靡。寅司鑒臣愚，無例可援擬。一疏回天瞋，狂生竟免死。牙慧當削除，薄懲荷溫旨。非刖亦非髡，一過擊一齒。橫排三十二，此痛曷云已。

舌柔斯長存，齒剛輒易折。常譚吾久聞，信汝尚志節。豈知實庸奴，含垢強就列。上憼蕭太傅，和藥促引決。下愧翁子妻，故夫一言訣。人方思拔釘，彼自陳戀闕。不悟賜空函，徒勞佩金玦。難繫終童纓，孰擊段公笏。計惟鄰女梭，一擲當快絕。

行汝既乏術，留汝復何如。當餐不我阻，就枕無爾虞。果我腹便便，甘我夢蘧蘧。約法至簡易，積怨悉消除。豈徒去我疾，庶用奠汝居。編貝還東方，火攻謝阿奴。朝滋張□乳，暮饜郇公廚。有時過靈妃，譚元必汝俱。汝亦無不利，傾危匪良圖。齒聞似感動，改過神所俞。急招梁夫人，一笑回清矑。

為劉潁州點定遺集書後

短短交期悔造因，一篇絕筆最傷神。續集五卷終於用聚星堂韻，見懷之作。死無月戶棲才鬼，生少雲臺畫壁人。奇識先摧曾倚樹，學舍垂柳一株，君來即徒倚其下。去秋，忽為大風所拔。工愁休誤再來身。喪舟望斷歸帆影，那得吟魂入夢頻。

哭貴築黃氏從孫女並示聰應

送汝曾悲萬里程，大歸又痛燕孤鳴。空餘紱佩圖遺像，壻以通判，待次江南，未及真授。敢望絲綸予特旌。女守志在三十後。同穴有言難踐約，衰宗誰後不知名。一詩留取當遺令，寒食年年上塚行。

和虞廷見懷之作次來韻

付命非一端，造物各有故。天長人壽短，何由得目遇。苦樂祇自知，褊心易成慕。假令易境處，必悔失故步。吾友文而儒，託業在豪素。辭撷江鮑秀，經守許鄭詁。奔馳不廢學，聞道未雲暮。君如羨杜門，我正快行路。

附錄　宋翔鳳

言念少年遊，存殁各多故。陸機賦早成，終感士不遇。五載客廬江，官冷歎遲暮。所幸著書勤，當接古人步。頻煩損尺書，落落道平素。文辭究波瀾，經義窮訓詁。千秋一室中，此意吾誠慕。誰知寒暑易，彳亍在岐路。

命君孚代錄近詩伯游見而工之作詩見寄響及老夫戲答

病來放筆愧歐虞，嬌女裁牋足起予。誰識山陰狂大令，趨庭不習右軍書。

附錄　陳方海

故人舌在尚工吟，弱女能知閉戶心。想見中郎傳筆勢，一庭花雨過春深。

汪五正榮雨窗懷舊圖

索居逾五年，雙眉蹙不展。問我何所苦，懷舊意難遣。汪生同此心，懷舊寫作圖。不知所懷誰，但感氣類孤。美人娟娟隔秋水，夢裏朱顏不曾改。願抱相思下九淵，不願相逢失光彩。君不見汪生苦雨我苦晴，閒庭月出生遙情。君如攜我月輪去，我亦令君雨聲住。

張秀才丙漁村圖

與君先世皆釣徒，宜君示我漁村圖。漁村之圖橫暮靄，髼髺山容見西塞。瀼湖雖好客思歸，夜夢閒鷗落衣袂。閒鷗不閒方苦饑，急羽鎮逐哀鴻飛。明朝求得雨一尺，遲我漁村踏雙屐。

禱雨歎二首

朝步禱，夕步禱，雲峰插天日杲杲。去年米賤潦猶可，今年米貴旱殺我。太守縣令皆清官，那有廉泉救急火。就中我是蟣蝨臣，逐隊叩頭心有雲。江南農勤江北惰，旱是天災惰人禍。城河久塞塘無多，天未欲雨當奈何。

前日禱雨歸，雷聲震簷瓦。今日禱雨歸，雨聲亦飄灑。冷官手種蔬一畦，兩度得雨蔬不知。蔬兮槁死何足道，別有芳蘭委秋草。

虹

東虹日出西虹雨，虹今在東奈何許。去年積潦三尺強，萬目向東那見汝。虹兮不辨東與西，所望主者為轉移。我無長劍倚天外，彳亍空庭下虹拜。

示雪慧

離緒汝初覺，征途我自支。料量儲藥裹，反覆問歸期。風色一帆利，江行六月宜。瓊田連理樹，多事長駢枝。

于役皖江湖舟雜感

生路覺路長，熟路覺路短。據鞍七度走京華，此日一帆翻更遠。人生久逸乃生疾，五年驅病渾無術。江光山色八日程，自訝離懷底蕭瑟。君不見路長路短在客心，摩挲髀肉淚滿襟。

廬州城河久淤塞，終歲不聞欸乃聲。有時送客到湖口，暫使雙眼生光明。今來盡日推篷坐，快意清波洗塵浣。何當徑趁一帆風，兩點金焦掠窗過。

衾簟生涼客夢醒，推篷乍失征帆影。漾湖便擬銀河通，碧月照人猶在頂。吾家老屋笠澤西，五瀉一舟橫釣磯。江鄉米賤亦須買，鱸魚正美將毋歸。

臨湖司馬梁溪薛，_{玉堂。}兩度辭官意鬱鬱。卸帆且復訪友來，知君見我心顏開。鬢鬚無情瞋不得，一回相逢一回白。浮生來日知幾何，三百六旬珍此夕。莫將得失預較量，一笑操觴淚沾臆。

周郎_{濟。}貽我一卷詩，舟行不聊日諷之。馬中赤兔人中布，追及烏輪氣猶怒。有時大戟化作鍼，柳絲花朵橫羅襟。珠歌翠舞酣長夜，一夢還家苦無暇。有時熱淚接春潮，萬弩排江不能射。恒星墮地水上天，東汎西汎犂為田，待君歸耕復幾年。

姥山之東一洲峙，上築道院旁無鄰。此間倘復容小住，應少元規塵污人。江南絕境行處有，靅莊木瀆都成負。縱教絹素能久留，_{向與蓮裳擬木瀆結鄰，船山為作圖。}_{後保緒又有靅莊買田之約，潔士為作圖。}識取朱顏是誰某。丘壑還須早置身，萬事何堪待衰醜。

湖波何澹沱，客意共閑暇。豈知去年秋，浮屍蔽湖下。暘雨應期人不珍，張弛稍過皆足以殺人。鷺鷥一飽差易得，坐待甘霖亦頭白。_{時望雨甚急。}

輕舟如葉水接天，舟中人擁桃笙眠。若教風浪忽相激，寧免蒼黃動魂魄。風南風北安可知，舟行不行人所持。君不見柁師安坐揮群楫，不視客心為緩急。

日行漾湖中，夜宿漾湖裏。湖深月黑天茫茫，疑有潛虯挾舟起。書生生性如沙鷗，浩蕩不識風波愁。凌晨說夢殊怪偉，玉珮珠瓔探懷在。龍姑一曲縱筆成，惜哉不以此筆賦帝京。

湖心晚泊待月未果

昨宵泊處望全迷，別緒偏懸落日西。明暗水分船左右，迴環山學浪高低。故人或已聞靈雊，謂畫水、丙季。清夢惟應化浴鷺。頊擬歸帆須卜夜，一鈎等取掐柔薑。

曉月謠灄湖舟中作

天色深，湖色淺。朝雲高，翠帷卷。天色淺，湖色深。微風吹，動羅襟。廣寒仙人仙夢歇，手整煙鬟出瑤闌。露重香濃隔玉顏，一鈎窺見金跳脫。

舟過居巢擬訪李明經瑤不果

高閣豈待賦，破浪非所期。一葉浮灄湖，夾岸青山馳。快馬輕刀好身手，十年消向孤篷酒。聽水聽風獨客心，夕陽倚遍沿隄柳。黃浦春潮照影渾，潞河秋腊留人久。浮槎山下掩蓬廬，略比牽舟岸上居。借得布帆思訪友，那煩梁燕作前驅。恩恩翻負羅浮約，建業風高不能泊。絕倒天涯兩寓公，何時同跨南飛鶴。見亦徒然別又悲，臨岐且免淚雙揮。寒簧解識相思意，為我眉痕蹙不開。

重閱王衛輝蘇詩有感

漫說書生文福齊，豈知仍是憶雲泥。歡筵淚灑彈箏後，病榻心飛落日西。楚帳何人當側盾，吳江快意試燃犀。由來枕上游仙近，悔共劉郎聽曉雞。

愈湜題門三度看，君偕卿綑、孝逸，三度過訪，不值，遂有武昌之行。從知在郡重孤寒。戴頭太尉鋤強易，露齒歐陽息謗難。此日尚驚詩膽放，急裝誰信宦情閒。因君並憶吹香閣，莊邠州招余與君相見處，邠州歿後，閣亦漸廢矣。折到花南第幾欄。

和頻伽見懷次來韻

我交三郭一郭死，厚菴舍人。蘭池近者疎吾徒。感君寄書語款款，觸我懷舊心區區。狂蹤傳世雜真偽，微志耿胸今有無。且當快意吐冰雪，此物未至銷洪鑪。

附錄　郭麐

早應宮禁呼才子，老向煙波作釣徒。人世升沉原爾爾，畢生著述亦區區。青氊未必豪情在，紅蠟能知舊淚無。嵇阮漂零應劉逝，西園時客刊上題襟館。何似酒家鑪。

舟過臨湖薛司馬玉堂張博士興鏞屠州倅慕曾劉刺史用錫分日招飲

客久鄉音好,譚深花氣融。時盆蘭大放。游魚初入隊,蓄鳥鎮嫌籠。倚檻石同瘦,司馬及余皆久病初起。臨池我未工。米元章所拜石及墨池並在州署。篙師催不得,三日打頭風。

江行雜詠

前山欲收青,後山尚橫黛。飛鳧背斜陽,導我出天外。我性適煙波,頻年苦湫隘。一枕聽江聲,幽憂疾已瘥。

掛席乘朝涼,露重樹如沐。江光生白曉,染我鬢絲綠。輕雲甫離山,鱗鱗展文縠。或有雲中人,翩然慰幽獨。

荻港午泊

揚帆未覺快,曳縴易生怨。習知謀食艱,豈敢訴勞倦。我暫得驅策,事當寓懲勸。奈何赤日下,安坐視流汗。招之使登舟,姑留爾力半。繫纜綠陰中,鼾聲滿江岸。

夜泊大通驛見月

經旬思對月,乍覺碧天遙。驛火聞吹角,江波見織綃。五松今在否,老葛或相招。且復添衣坐,舟行第一宵。

桐城阻風招土人閒話

汝陰得雨未,如切故鄉思。見說樅陽旱,惟餘五日期。重傷天豈忍,去年大水。兩感字見《素問》。疾難支。急語親民吏,勤求前事師。案疑留牘久,士倘怨珠遺。局外空譚易,無聊偶賦詩。

阻風

江勢西南下,風來正與俱。雲飛千嶂動,水闊一舟孤。倘挾甘霖至,能生萬晦枯。吾行任留滯,家世習菰蒲。

胡二華黼見示近詩

胡生一官百僚底,與我同客情相親。口所可言獨篇什,意有不合聊吟呻。香山正喜老嫗解,杜陵幸免丞相瞋。居然九重識名姓,且晚看爾懷抱伸。時大計上考。

題畫

閒庭隱約聽孤吟，道是花陰又水陰。坐到日斜書亦盡，知他底遣此時心。

偶讀有正味齋集感題面葉

爪痕梘觸雪消餘，卻憶南園滬瀆寓舍。似故居。剩有放翁團扇在，看人流淚漬遺書。

月下簫聲海上琴，詩題一半記同吟。怪公留我人間住，兩字長年誤到今。卷中書繼輅字間誤作祈生。

一篇神誥感鴻辭，此德寧堪論報施。發願年年逢忌日，佛龕燈影誦遺詩。

艤舟亭畔一帆低，小影偏驚日易西。此日倚樓人亦去，謂味辛丈。村梅沿路待誰題。「沿路村梅苦耐寒」，公毘陵道中句。

朱霍山士達招謁唐兀忠宣公墓因飲大觀亭酒闌題壁

頻年客寄鄭公鄉，照影初來清水塘。墟墓即今成眺覽，滄江終古閱興亡。一朝士氣收殘劫，千里秋聲赴夕陽。醉後闌干憑不得，楚天愁思正茫茫。

過江山色最無情，袁褚恩恩任死生。塞草尚悲前相國，嶺梅又殉小朝廷。各留佳傳終青史，定有貞魂聚碧城。守墓轉憐危太樸，幾人曳履不聞聲。

附錄　陳其松秋麓

登高有酒弔清冷，尚見人心重此亭。三楚煙波連霽色，一家忠孝動江靈。吟余帆影翻窗白，坐久山光入幾青。是否當年喬木在，秋聲無際若為聽。

敗牆幾歲倚江隈，珍重賢侯刈草萊。謂陶懷寧。化鶴倘從華表見，飛鴞不向墓門哀。九天陰雨孤軍出，半夜奔濤萬馬來。丹荔黃蕉神嗜否，鬱蔥遙望氣佳哉。

查揆梅史

七年宣慰繫安危，青史因公一涕垂。吳楚蒼黃殘局盡，江淮彫劫幾人支。孤軍海上田橫島，太守城南許遠祠。歎息轠刀揮手日，天魔按舞正酣時。

江亭秋序劇崢嶸，清水塘西結搆成。往事但聞陳陟起，有人還媿褚淵生。一家兒女風雲氣，百戰兵戈草木聲。我似翟湯千載下，墓門來酹卜忠貞。

劉珊海樹

怒濤千古挾軍聲，一旅曾攖四面城。上將星辰營陣結，小姑風雨墓門平。登陴義激殘民慟，卻盾恩深死士傾。誰識牙旗環聽講，當時裘帶氣縱橫。

一角孤亭倚麗譙，江天極目莽蕭蕭。魚龍出沒靈旗偃，猿鶴淒涼宰樹搖。骨肉九原同尺土，干戈七載枕寒潮。故鄉我是盧江吏，淚灑西風賦大招。

閏秋自會城還盧州阻風病瘧傷逝懷人悽然有作

朔風匝地餉離愁，十日江千艤客舟。如此煙波非故里，片時裘葛集殘秋。鍾期一去琴心死，謂蔡延平。臨穎重逢劍器收。且欲回帆誇破浪，小姑眉黛豁雙眸。

由來涉世戒爭先，歸路何妨暫著鞭。沉醉恨無千日酒，閒宵並少九江絃。一行衰柳藏孤寺，萬葉秋聲擁獨眠。輸與故人為客好，謂伯厚。全家笑語夜鐙前。

鴒原慟哭不堪聞，宦路無憀愴夕曛。子誅弟方立、樹珊兄林一先後謝世。惜逝直同黃叔度，同人痛惜方立，不減皋文。論才誰識李元賓。杜門地僻惟成夢，入世情多悔造因。正是姊喪除未得，又看斷鴈一傷神。

同舟話舊各潸然，劉公子延英。對此茫茫集百端。海上琴樽方丈遠，日邊雲樹玉樓寒。俊遊留取譚天寶，典論何人續建安。畢竟彭殤難一致，升湛久付老僧觀。

過舒城哭前博士段君達和

百感蒼茫集薄醺，故山無處望斜曛。我來腸斷桃溪渡，風景依稀似白雲。吾鄉渡名，君所居也，今為張氏宅。

將抵桐城簡汪五

珊瑚翡翠絢秋林，豔絕龍眠雨後岑。三折板橋橫鵲尾，一星驛火照梅心。易看吳魏銷兵氣，難起應劉和旅吟。竹畝、孟塗皆以此月溘逝。只有桃花潭上客，杜門不待入山深。

桐城道中哭孟塗

愁絕樅陽道，秋陰日易積。傷心思往事，屈指失奇才。萬斛詞源涸，三春蕙草摧。無煩世人殺，一笑上瑤臺。

拄笏亭望龍山因簡吳大令山錫

短短疎籬隔俗塵，江村風景記偏真。圍爐恰稱消寒飲，佇月應逢倚檻人。半額眉痕平視近，一畦草路獨來頻。此時鄧尉花開未，閒煞先生墊角巾。

拄笏亭夜坐

一笠虛亭倚水隈，偶憐清景此徘徊。江城夜靜時聞鴈，官閣冬暄早放梅。琴酒闌珊人漸老，是日，秋麓丈招飲，未赴。英雄割據事堪哀。時仿《隋志》舊事篇例，輯《皖江大事記》。龍山咫尺徐君墓，可許重聽鬼唱來。哀孟塗也。

冬暄戲作

侵曉文窗拓碧紗，夜吟未覺玉輪斜。癡蠅福命勝蝴蝶，親見仙人萼綠華。

答周漢川鶴立寄近刻

別緒經三載，新詩又百篇。可能憑故紙，長與駐流年。玉佩消魂地，金波望遠天。相思通一水，夜夜刻溪船。

墨瀋看猶濕，珠光自闢塵。祇餘丁敬禮，同哭李元賓。己卯之冬，君及丁大令應鑾同客劉穎州合肥署舍，與余唱和之作黏齋壁幾徧。縣令新題墓，良朋舊指囷。勉收傷逝淚，憐取部中民。謂穎州公子德滋。

飲顧書記桓寓舍之明日簡吳大令張茂才昆榮

江天愁思鎮漫漫，徑尺濃雲壓畫闌。左宦心情成醉易，謂大令。彫年景色放懷難。小紅一去簫聲咽，大令舊事。春草全蕪詩夢殘。茂才為亡友可之從弟，話舊泫然。我是南皮吳季重，為君惆悵損君歡。

任亳州壽世招飲有作

崢嶸歲事減詩腸，花南句。破戒為君釃此觴。坐不序官毋乃僭，譚逢知己尚能狂。披圖較比遊山逸，少伯、蘭舟各出畫冊見示。休沐翻因說士忙。君方暫解州事。我本彥昇臺畔住，一竿煙水鎮蒼茫。

漢碑額五一曰漢車尉陳一曰卜君之頌一曰中牟魯君一曰廣平侯尉一曰司農公索直過當不能償也悵然有作並簡汪四正盨

過眼煙雲一惘然，夜珠十九照人圜。向來珍賞知誰氏，暫得摩挲亦夙緣。小印署同銀約指，雕籠親送鳥歸禪。為伊根觸浮生夢，敲斷疎鍾半未全。

柬張四宜尊

小隔漾湖水一重，龍山珍重此相逢。美人眉寫初三月，仙吏身圍十萬松。君擬留居鄞縣，築室湖上，種松三十萬株。穎上歐陽終是客，盤中李愿久歸農。謂申耆。士龍自憶西頭屋，遲爾裁紈畫九峰。

將留皖城度歲書示慶麟並寄魏昆明同年

十年復此同除夕，我是他鄉汝故鄉。往事與譚前五度，戊辰在都門，己巳在郯城，辛未在永寧，壬申、癸酉在洛下。來時共記展重陽。余以九月二十日再至皖城。祭詩自覺清才減，守歲方驚去日長。頗意玳梁歸燕否，蠻雲塞月正茫茫。

桐城詩人方丈於谷從汪氏兄弟見余詩以為古傷心人之作尺書通意走筆奉答兼訊張大令目疾

鐙殘香爐費支持，載酒江湖夢醒時。流盡春波飄盡雪，傷心不道有人知。

小亭日日對龍山，布政司署有亭曰拄笏，正對龍山。山下人家正掩關。樵徑生疎魂不識，夢來須趁鶴飛還。

愧我曾無記事珠，尚書詩格最清腴。余所見方勤襄詩甚多，猶憶為公子傳穆索婦外家有「敢云甥似舅，可許姪從姑」之句。今君輯方氏詩至七十卷，而勤襄遺集散失，僅存一律，為之憫然。閩孃十八朱顏在，也是浮生未見書。勤襄移鎮閩浙，遠勞幣聘，以疾未赴。

絕憶詩人張敏求，琴書典盡況征裘。何當翦取吳淞水，張君前官松江，有惠政。手為先生洗倦眸。

陳大方海省侍清河阻風未發詩以訊之次令弟方瀾韻

郎君作賦高王勃，賤子移居愧葛洪。余自布政司署移居志局，遂留度歲。紙閣對局鐙火近，謂伯恬。寒江極望水天空。歸仍是客憐羈宦，飛不成行有斷鴻。向晚雪晴應見月，好看雙影玉輪中。

寒夜雜題

一枝誰與寄橫斜，借得春來覺太奢。匝地寒風吹不墮，那煩炙酒賞唐花。陳公子舊藏南田畫牡丹，余借懸寓室。

小齋三面種芭苴，遲爾裁箋賦子虛。一夜西風吹雨急，可憐真作病相如。徐公子乃溥蕉窗夜課圖。

空谷佳人翠袖涼，繰絲須白復須長。分明似我西頭屋，先倩蘆簾著孟光。_{紡紗}士女。

山深路古獨行遲，知是新知是故知。那不還家看鬢影，香溫茶釀試絃時。_{抱琴訪友圖。}

一鹿中原抵死爭，與人家國太勞生。相要莫訝雞鳴早，彈指斜陽下穀城。_{進履圖。}

問訊都無半畝田，客中情緒畫中憐。何人為滿平生願，多謝窮交朱鶴年。_{野雲為叔安寫開軒對綠疇冊子。}

小除日對雪懷伯游自清河北上

我對寒江思笠澤，君隨飛雪夢鞋山。故鄉都作幾年別，比屋仍憐良會慳。此去征塵應不染，相逢雙鬢看誰斑。城南尺五探春近，鬱壘重題還未還。

除夕懷五真

椒盤五度惜分飛，_{戊辰、己巳、辛未、壬申、癸酉。}最憶郊城血染衣。_{己巳仲冬，就先友吳君塔謀營葬之貲，遂留度歲。}江水定知歸去好，玉顏久謝貴來稀。操齏未減芝蘭氣，饋歲聊誇苣蓿肥。知爾神傷遺像側，不關別淚灑征騑。

崇百藥齋三集弟二

梅心集起乙酉正月盡丙戌八月

庭前有夾竹桃一株詩以贈之

三逕荒涼思竹友，分書假借認桃斐。春來倘有閒情緒，為爾風前較瘦肥。

偶感

鏡裏容華只自知，鄰姬漫訝曉妝遲。春愁三月深如海，那有心情理鬢絲。

輕薄文辭半失真，採旄翠羽太紛紛。無人為問曹公子，何處凌波見洛神。

人日飲大觀亭題壁

春來裁七日，江水已知春。似覺櫓聲軟，漸於雲影親。此時憑畫檻，況值送歸人。<small>宋于庭以是日解纜。</small>戒飲十年久，終憐酒味醇。

成敗前朝事，登臨倦客心。無端感陳跡，相與發高吟。沙際漚眠熟，天涯雁影沈。向來吳季重，春緒最蕭森。<small>謂花南大令。</small>

顧曲周公瑾，<small>伯恬。</small>心情異昔年。傷春大隄柳，送客九江絃。<small>於函林歌陽關送客二曲。</small>望遠平蕪近，言歸下水便。為歡苦不足，奈此醉時眠。

笠澤湖邊艇，煙波一望同。春潮尚嗚咽，鄉夢太冥濛。羈宦驚衰鬢，諸君各轉蓬。敧邪數行字，可稱碧紗籠。<small>亭前素壁，過客貴人題詠殆遍。</small>

賦得雪宮

齊煙青處偶停車，表海雄風起暮鴉。笑絕屨人滕小國，迎來上客魯東家。燕臺草長空求駿，吳苑花殘罷館娃。一種消沉堪隕涕，牛山回首日西斜。

為完顏兵備麟慶點定詩集感而有作

家法陳文範，詩篇元道州。念惟厪小己，憂正切橫流。時高家堰潰，而君攉巡開，歸方講求河務。憶並軒窗坐，全將嶽色收。故人年未艾，灑涕話前遊。丁丑二月與尊君別於泰安，遂成永訣。

答同年馬水部瑞辰

猶有浮雲翳太虛，閒愁難遣是離居。神仙被謫思歸佛，富貴無情或著書。牆角短檠斜日後，江干紅蓼賞花餘。為君根觸應劉感，謂少崔侍郎、次山方伯。墓草經年未剪除。

寒甚寄五真

峭寒如水潑窗紗，坐聽簷冰折玉叉。一月東風三日雪，小庭愁殺蚤開花。伴我孤唫有凍雅，杜門忽覺是天涯。何時緩緩雙輪轉，卻聽君家陌上花。

聞鴈呈劉眉生廉訪

春風送汝稱歸心，怪汝仍流激楚音。此去稻粱江上少，共憐歲月客中深。天涯舊侶無來信，日暮空庭又薄陰。見說神丹河可塞，刀圭先擬試黃金。

附錄　陳方瀾叔安

悽斷雲中嘹唳聲，凌風雙翮去程程。一年南北征塵重，萬里江湖別緒成。偶過平沙飛暮雨，無邊寒色下孤城。天涯我亦懷人久，坐爐霜槃入二更。

秋麓丈泊舟高明寺成水調歌頭一闋暇日見示感舊有作

三月煙花豔過江，禪關開處客心降。半村半郭樓臺遠，非竹非絲水石撞。小杜舟輕惟載夢，平山月缺尚窺窗。為公一曲揚州慢，唱出樽前玉筯雙。

雪中戲答徐公子乃溥次來韻

江城全碾玉為塵，暗裏韶光過二旬。楚客由來工隱語，杜郎差喜未驚春。紅酣

且忍三年笑，白戰還愁一字貧。容易金鈴聽入破，恨無人試六花銀。

再用前韻戲棘伯恬君奭子俊

漫倩靈犀闢六塵，何曾佛說異波旬。二分誰判揚州月，五兩全迎建業春。洗手定諳中婦性，浣紗已耐十年貧。聘錢天遠知難借，別向神山乞藥銀。

效楊文公三用前韻

分明重訪隔江春，人與春光各二旬。出檻自生神女霧，凌波不動洛川塵。早依紗幔尤當慧，待葺東廂未是貧。底事背燈拋久坐，直教落月照釵銀。

寄孝逸次來韻

風雪漫天獨鴈飛，開函便有淚沾衣。鶯花催客成衰老，環燕何人較瘦肥。故里琴觴佳日少，京華車騎舊交稀。一般春夢如雲遠，君已離山我未歸。

附錄　管繩萊

看到花飛又葉飛，寒衣典盡典春衣。官如緣木魚難得，身似空倉雀不肥。細數世情棋局換，欲傾懷抱酒杯稀。霜鐘與夢為讎敵，百就千攔未許歸。

戲和叔安韻

搖空海水在簾鉤，人與長娥共一樓。為恐燕環羞欲死，春寒連日罷梳頭。

代贈次伯恬韻

殘月非初月，新愁續舊愁。聞聲拋粉黛，欵語賤笙篌。半臂吳縑薄，纖腰楚竹修。巧疑分柳乞，香自媿荀留。詩館元名舫，仙居不好樓。幾番成眼纈，無物報心投。屑玉牢丸滑，調餳暮粥稠。絺帷迷有霧，紙閣貯宜秋。對臉先移枕，輕軀稱擁篝。傳家三徑菊，避跡五湖舟。止渴教餐術，真圓感聚漚。盧梁憑燕睞，唐韻署鶯讎。操鎗隨徐淑，懸弧祀蔣侯。意憐梅北向，力挽水西流。蕭史剛回首，仙人謝狀頭。如逢石城樂，為典長卿裘。

附錄　周儀暐

舊鏡無留影，春風起剩愁。低迷金翡翠，棖觸鈿箜篌。往事賚蒙楚，良期誤蹇修。惟應思夢笑，強為減歡留。碧月三更夜，璃臺百尺樓。因循怨泡幻，悵惘說膠投。露雀宵懷警，冰蟲夏語稠。鮫珠終夕雨，蜨粉一身秋。上藥歸龍店，

中衣冷麝簹。音乖王母使，目斷鄂君舟。賦色憐朝槿，浮家歎暮漚。寒暄判愉戚，爾汝任恩讎。兩槳迎桃葉，雙鬟豔阿侯。賓鴻終北向，恨水只東流。世態憐黃鸝，人心感白頭。幾聞申旦旦，偕隱到菟裘。

于廷以金陵近詩見寄次韻答之

澱湖春水尚流漸，尺半魚書到未遲。載夢江波從蕩漾，窺人璧月破矜持。單情憔悴餘雙鬢，俊賞傳聞又一時。莫漫青尊邀痛飲，眼中誰是謝莊兒。

汪太守恩以閻立本畫米芾書歸去來辭合裝成冊索題

上將初開天策府，右相丹青照千古。十八學士圖瀛洲，曹霸凌煙未渠數。煙雲風捲波流漸，米家船上無此奇。先生別得此一幀，我來展讀心然疑。所繪何事不可知，霜豪細欲分游絲。重樓復閣人參差，締視一一嫻容儀。小言漫賦觸氏鬥，險語敢續矛頭炊。就令詩成亦乏善，手寫貝多片葉能竟道德五千辭。官閣傳觀古懷劇，太丘心吾通守。收藏亦成癖。慨然寄贈南宮書，小冊裝池題合璧。犖泉抉石世所矜，芾也實前蘇黃稱。若教持以如閻畫，猶似遠祖撫頂臨。雲仍先生家世金陵住，南唐秘笈應曾遇。蕭條宦橐不畏蜀道難，太守前官四川縣令。何況咫尺平江接瓜步，此書心賞尤在陶公文，似勸先生拂衣去。先生勿去聽我歌，公與閻米皆殊科。畫師傳呼宰輔恥，元祐讁逐名賢多。方今聖主知人邁唐宋，良二千石豈得棲岩阿。祝公旦晚任屏翰，此畫此書光采換。由來物貴以人傳，玉枕蘭亭復誰看。先生喜我言非狂，命我縱筆書左方。興來欲訪石丈儵閒堂，誰歟剪取澱湖之水春汪洋。

新霽讌客復為大風雨所阻遣悶有作

一月纔看三日晴，鄉愁難遣是清明。暫來紙醉金迷處，又聽酸風苦雨聲。大地鶯花春夢斷，江城波浪客心驚。歡筵佳節尋常事，幾度裁牋約不成。

答吳侍御廣枚次來韻

蹉跎臺省媿諸公，敢說寒氈隱可充。老屋全荒三徑竹，移家尚滯一帆風。余典屋赴官，頃移居皖城，風阻未達。漫燒學士如椽燭，聊策書生刻楮功。時與修省志。最是夜闌人未寢，江城四月有秋蟲。

秋陰獨坐柬汪太守

落葉忽如雨，聽秋我最先。臨岐知己淚，薄暝送人天。扇訝迎涼早，眉驚染黛

妍。誰家老中饋，不仗小姑憐。

蓄米告罄舉家食粥戲成一詩

一樣炊煙氣似虹，全家歡笑噉雙弓。媿無書比平原好，畧有詩堪少傅同。六載
素餐棲客雁，十年蕭寺憶盤龍。居然四代團欒坐，未卜何人劃最工。<small>時君孚、聰
應暨從孫恩應、鍾應、蒸應、庚應、從曾孫佑麐、佑珍皆在寓舍。</small>

朱大令<small>錦琮</small>自宣城來訪話舊有作

禪榻驚秋客，江樓望遠天。逢君成一笑，此別已經年。互指侵霜鬢，邀聽流水
弦。千秋亦虛願，聊用慰樽前。

仙吏今餘幾，<small>謂申耆，梅史、石甫，先後去皖。</small>前遊似隔生。僑居驚聚散，離緒各縱橫。
痛淚雨初霽，<small>屬有長女之喪，哀過於禮，君屢貽書見規。</small>雙矑月共明。敬亭看厭未，珍重
遣鄉情。

張主簿<small>宜尊</small>為鄧孝廉<small>顯鶴</small>作南村耦耕圖

鄧生家貧一畝無，奢願欲作耕田夫。可憐懷此不得遂，道逢黃犢生嗟籲。張生
掀髯易易耳，我為卿作耕田圖。一人驅牛肩荷鋤，一人側笠相招呼。平疇雨過
綠如許，快意指點誇膏腴。山環水抱露茅屋，畫所未及窺徐徐。山妻日織一疋
布，兒子夜讀百篇書。藍瓶縱橫雜酒甖，狸奴跳躍驚疲驢。豈惟幽棲足忘世，
埋骨亦勝陶家罏。君不見浮生幻境何不有，各以意造供嬉娛。華嚴樓閣彈指現，
矧此片壤誠區區。又不見吾家霍莊風景殊，十年讀畫空跱躇。圭田已斷先世祿，
老屋尚屬他人居。鄧生與我差賢愚，何修便許遊華胥。詩成不覺成軒渠，送爾
刺促登征車。

鄧孝廉詩集題後

我詩與君詩，各有獨至處。惟其調不同，所以意相慕。我詩如風君如雅，一種
幽懷此中寫。詩才易竭淚不乾，人生憂患來無端。君家阿芬已復活，君女壽危
疾初愈，掩卷蒼茫痛死別。<small>謂亡女君淑也。</small>

附贈詩　鄧顯鶴湘皋

女耳吟成絮，賢哉婦勝梅。一門俱有集，群從況多才。偶束塵中帶，仍辭俗客
杯。維摩雖善病，懷抱自為開。此事真千載，低頭定幾人。天教生並世，髯已

獨超倫。寂寞羅含宅，淒涼孟母鄰。唯餘舊衣線，猶共淚痕新。

伯厚雲溪送別圖

橋頭慣作分襟地，畫裏重看送遠詞。柳色淡黃溪水碧，年年是我別家時。

紀異二十韻為朱宣城

善氣所旁薄，動植皆可徵。愔愔朱大令，三年宰宣城。庭草日益滋，年穀日益登。問君安致此，君謝無他能。上承賢母訓，治獄必以情。怡然進晨羞，鄉思忘蓴羹。下課諸子讀，壹心絕兼營。粲然啟夕秀，吹息如蘭馨。家庭樂婉孌，敢謂堪儀型。民醇易為感，吏拙非政成。我聞竊歎息，諒矣先聖經。易俗以身教，捷過賞與刑。肅宇蜚嚴霜，橘柚當風傾。回黃忽轉綠，一實乃再榮。慈闈千曼壽，瑞木儕風聲。嗟哉河陽長，養拙辭匪誠。慙負滿縣花，終玷千秋名。君家本根厚，君更培其莖。英英謝階樹，菀菀田氏荊。餘慶理不易，常譚君所聽。

樅陽舟次得子辨書時距君淑之亡九月矣

寒風吹送斷腸箋，似有幽魂繞膝前。此夜滄江難穩臥，柝聲如雨角如煙。

雨雪連朝春寒特甚簡吳大令陳公子

小病經旬感歲華，江城寒雨尚如麻。群公知我將焚研，此地何人耐看花。蕭颯鬢鬚從點雪，支離腰腳稱浮槎。時民間訛言復有水患。悶來慵觸丞卿怒，擬借筵前鼓一撾。

孝逸來宰含山相見有作

一鞭特為駐斜曛，時余司訓報滿，將有北行，待君未發。難得相逢出岫雲。到此情懷成黯黯，後來毀譽正紛紛。溫柔詩教無嚴酷，終始官聲較惰勤。莫漫江城誇坐歗，早傳輿頌張吾軍。

過默菴夜話有作

碧城隱約記前遊，溫嶠依然第二流。翰苑文章初放膽，江南轉漕喜迴舟。杏花尚苦無消息，萍葉何因定去留。絕倒營巢雙燕子，時與默菴皆新移寓舍。春寒如水典征裘。

詠秋海棠用漁洋山人秋柳詩韻

春魂銷盡剩秋魂，細雨斜風鎮掩門。病後淺糚仍絕豔，朝來破粉又成痕。回生倩女疑前夢，去國明妃失故村。只有詩人能念舊，韶華煙景與重論。

妬花何必定嚴霜，一剪西風過野塘。翠袖單寒羞並蒂，嫁衣重疊鎖閒箱。底將遺事譚天寶，又託情根怨法王。除倩司香舊仙尉，秋庭來署女貞坊。

露華涼透八銖衣，芳訊傳來事事非。杜曲春愁吟興減，眉山宵讌燭光稀。並無嬌鳥啼花至，或有孤螢繞砌飛。枉自牽牛能引蔓，片時榮悴素心違。

娉婷生小字偏憐，紫玉何曾便化煙。寶淚經秋猶染絳，薄羅倚檻待裝緜。幾人俊賞成前度，慰我離愁未隔年。寂寞園林重到處，無多詩思夕陽邊。

附同作　鄧廷楨嶰筠

乍返珊珊倩女魂，護持猶為掩重門。半年春色回香夢，十日秋陰破淺痕。蘅芷故應搴別館，苓蘿終是怨荒村。陳思只解凌波賦，滴粉搓酥孰與論。

只禁清露不禁霜，採罷扶容過野塘。點臂丹砂封鈿合，映肌紅袖啟筠箱。曉風淒咽憐齊女，暮雨迷離夢楚王。頻向畫牆西畔見，不須走馬碧雞坊。

花如人弱不勝衣，離合神光認轉非。綽約只宜修竹倚，伶俜欲共畹蘭稀。額邊黃褪蜂猶戀，靨底紅生蜨暗飛。砌草簪花半黏俗，空階相賞不相違。

雲籠月寫最堪憐，底用燒殘蠟炬煙。為爾秋吟情宛轉，誤人春睡意纏緜。貯嬌可待黃金屋，扶醉相看碧玉年。記得故園親手種，辛夷花下露葵邊。

詠白秋海棠和陳三叔安

才展瓊箋賦小紅，時方和高密中丞秋海棠詩。新聲又唱玉玲瓏。牆根記得埋憂地，簾底摻禁破曉風。歲歲花期人病後，深深蘭息蜨須中。分明淺醉閒眠處，珊枕全移碧簟空。

納涼院宇貫招邀，一到秋來路便遙。豈少狂遊燒寶炬，肯因寒序換冰綃。臙脂山失朱顏減，蘆荻風高絳樹彫。豔說徐熙工沒骨，後庭花已怨南朝。

又和叔安代白秋海棠答謝之作

干卿何事費幽尋，飯顆春愁久輟吟。入道真妃圖縞袂，單棲卓女訴瑤琴。怪他陶徑多頑豔，署比湘花託素心。我自清霜初點鬢，秋來情緒易沾襟。

憐香無計愧憐才，知爾孤心亦漸灰。生處便成埋玉冢，此間難築避風臺。素娥窺影何曾見，青女傳書又屢催。底術為伊禁忍俊，手鐫元石壓蒼涫。

崧亭廉訪春湖夜泛圖

春湖苔苔橫碧玉，百轉千迴織羅縠。夾岸青山化作煙，直接遙空月波綠。使君樂水通性情，意氣亦與春水平。扁舟一葉櫓聲軟，欸乃不遣閒鷗驚。備兵飽看秦山翠，太華終南落衣袂。皇恩特許愛江南，楚岫吳雲鎮如繪。圖中煙水重複重，鏡影豔絕桃花紅。湖山平遠此延佇，髣髴地似皋亭東。皋亭桃花春萬片，我逮先公侍清讌。即今官閣許頻窺，重是華堂舊棲燕。蕉萃樊南最感知，尊前白菊寄離思。何時西子湖邊艇，重訪東坡閣上詩。西湖蘇文忠祠，尊甫尚書公撫浙時所建。祠中觴詠尤盛。

題伯厚近詩

一掬羊曇淚，逢君又滿巾。謝庭無積雪，杜律有傳薪。先外舅西禾先生深於杜學。喬木彫寒翠，崇蘭悟夙因。九柏山房小蘭亭，君家塾名。余小時讀書其中。今柏半枯死，蘭亦萎謝無存矣。何年成築室，相約共蕭晨。

客舍秋容寂，君來聽苦吟。同羈絕塵驥，暫作並巢禽。捧檄嗟吾晚，依人非汝心。名園謂近園內高祖觀察府君讀書處。無恙在，終擬愜幽尋。

將有北行朱宣城寄詩送別次韻答之

宦海論交不恨遲，依然仙吏解相思。征程漸覺長安遠，歸夢惟應江水知。

三間老屋牽漁艇，一夜新霜警鴈群。問我離愁都幾許，秋陰連日敬亭雲。

乘風氣短人將老，知己恩深願未酬。一樣高寒遙望處，已無清夢上瓊樓。

崇百藥齋三集弟三

望雲集起丙戌九月盡丁亥三月

自嶰筠先生持節江北章荸農查渠閣曹蘿峯李樅亭韓春泉戴苩昀吳雲士馬元伯華敦園俱集皖城同年京外之聚於斯盛矣而繼輅適有北行留別有作

龍山珍重值秋晴，高會依稀似玉京。舊雨乍疑今雨至，<small>樅亭給諫、春泉舍人別俱最久，</small>
<small>幾不相識。</small>客星都傍使星明。畧經憂患官方顯，<small>謂中丞。</small>悟徹升湛氣已平。此去居
然稱引對，征衣誰識淚縱橫。<small>時借官滿入都，將以先母志傳上史館諸公。</small>

過桐城伯恬策騎遠送別後卻寄

秋山平遠似春山，風日依然二月間。三宿易生桑堁戀，一程初驗桂輪慳。翩翩
裘馬今誰在，處處鶯花逐夢還。多感燭奴知惜別，樽前忍住淚痕潛。

肩輿

曉行三十里，月色尚如許。肩輿雙竹空，終宵學人語。

肩輿小如升，夢瀾乃無度。適從嘉峪關，濡筆草露布。

六安城外解纜

水程迢遞接山程，雁正南翔我北征。聚久難為三月別，官貧已代七年耕。客衣
全改慈親線，旅舍如牽故國情。<small>時山妻尚留安慶。</small>記得夕陽同喚櫂，嗟哉空賦董生

行。<small>辛未二月，偕亡友方立赴汴，亦於此買舟。</small>

夢偕姚大元植侍先外姑近園觴桂

布地金千斛，窺林玉一鈎。無端客舟夢，寫出壻鄉秋。恩敢忘今世，魂原樂舊游。裁牋報姚合，遲我哭西州。

晚晴

連朝風雨戰秋聲，忽報揚帆趁晚晴。歸夢漸驚征路遠，浮生難說著書成。蠅如惜別揮仍在，鴈自群飛傲獨行。今夜皖城寒信到，有人納手最關情。

抵陳州次前韻

怨盡風聲怨雨聲，秋霖未抵淚難晴。愁如燈影避無處，酒是村酤醉易成。偶見疎林思卜築，盡邀殘月送孤行。在陳從古懷歸地，聊唱勞歌盪旅情。

賦得霜信

年年待汝慶安瀾，此夜推篷趁月看。芳訊易沈花事盡，故鄉何在鴈飛難。炊煙寂寂流民宅，髯影蕭蕭老將壇。慚愧書生閒袖手，裁箋未敢訴禁寒。

渡河

立馬蕭蕭喚渡河，河流訝我髯將旛。一帆風影江湖夢，四野天低勅勒歌。故里流亡圖不易，岐亭涕淚灑還多。<small>子辯、子良俱送至河干。</small>征鴻自是南飛慣，其奈霜隄未奠何。

邯鄲道中寒甚有作

十載塵勞霜髯侵，重來仍媿世緣深。怪他野鳥雙棲穩，如此曉寒飛出林。

峭寒最是日初生，兀坐柴車凍結成。我有仙才乏仙骨，滌殘熱血便身輕。

題呂仙祠

夢境求佳信是蚩，仙云是覺我還疑。掃花三尺天壇帚，也有黃粱再熟時。

沙河早發

夜行如在水，侵曉見嚴霜。沙弱起無力，風尖掣有鋩。戀巢林雊病，守廟石獅僵。行役未云苦，西師正裏瘡。

柏鄉喜晴

小雪幸無雪，朝晴接晚晴。稍聞鳥聲樂，頓覺馬蹄輕。即事歡愁異，因之感歎平。委心隨所遇，庶用慰吾生。

明月店題壁

道上褰帷誰作吏，樽前挾瑟又無人。夜涼如水看明月，持較揚州定幾分。

皖公山月最情多，送我浮江又渡河。下九初三都看遍，只應無奈醉眠何。

定州旅次見崧亭廉訪舊句和題壁間即寄廉訪

欲覓天涯絕妙辭，入門先看壁間詩。廉訪句。願公充此憐才念，多少孤寒賦感知。

重窺東閣愴前因，曾是先公座上賓。今夜半規茅店月，可能照夢到湖湄。

蘭雪編病後詩為更生集四卷書後

題籤到眼已心驚，又見新編署更生。東甫先生、稚存丈俱號更生居士。未必大還堪續命，且因小劫懺多情。詩如薑桂辛猶在，家本蓬萊去未成。一語邀君再商榷，可能沒世謝留名。君近詩有「第一先拋沒世名」之句。

彭寶臣少京兆袖出落葉詩見邀同作次韻答之

閒庭風雨亂秋晴，一種天涯去住情。便與添薪渾未忍，可能委地總無聲。綠陰己恨尋芳晚，霜色依然照眼明。莫厭舊書重校勘，更將何事遣浮生。

消寒一集賓谷先生招同春湖副憲石士學士南雅編修雪樵檢討心壺侍御蘭雪星伯茗孫詩舲四舍人孟慈員外子芬伯游兩茂才分賦近畿古蹟得華陽臺

黃金臺，馬市骨。華陽臺，馬流血。此時太子氣尚豪，敢為逋臣一樽設。將軍飲此蠲煩憂，有客欲斷將軍頭。望夷宮中鹿未獻，臣頭虛擲咸陽殿。風吹易水不勝寒，臺上於今尚飛霰。從古恩讎總可憐，興亡屈指又千年。後彫獨有甘棠樹，長為屠孫表墓田。

都門師友排日招飲禮意溢分感而有作

烏頭日以白，鶴頂日以紅。何圖十年別，復此一笑逢。雅集宜冬暄，珍膳值歲豐。聯袂事如昨，倒屣遇已隆。自忘氣誼篤，轉訝禮數恭。非我習外吏，尊貴

義則同。所愧業未進，猶是吳下蒙。跼蹐據左席，秋農丈虹舫閣學招飲，俱命上坐，固讓不獲。竟日心忡忡。或隱如東方，謂南雅、蘭雪。或豪如元龍。荔峰閣學、石士學士。孝穆學最精，星伯。供奉詩益工。春湖副憲詩學精進，幾軼藏園之上。是皆百世人，多幸叨雍容。興懷囍後會，敢惜傾千鍾。倚醉望高寒，碧月懸天中。

詠道旁枯樹

搖落豈天意，榮梏柰爾何。恐隨衰草腐，從此積薪多。熱謝傾陽藿，涼生作柱荷。攀條渾未及，迴望一滂沱。

星伯真授中書舍人過訪有贈

剪燭最長夜，傾衿幾故人。天教成絕業，君在伊犁六年，研精地理之學。帝已識孤臣。君以是日引見。潘岳樽前淚，元規扇底塵。相期消客感，珍重報恩身。

六月天山雪，戎車駕更難。咎歸唐至德，事異漢呼韓。挾纊勞宸慮，交綏值歲闌。賜環翻恨早，頻撫舊征鞍。

題桃花畫扇

風雪長安閉戶難，一枝憐爾共禁寒。美人曾忍宮中笑，戰士方從馬後看。可待書符呼鬱壘，不煩撫序感齊紈。明年花發清江漲，早奠虹隄護急湍。

摸魚兒許五玉年孤山補梅圖兼懷許三青士粵中

展橫圖舊游根觸，湖光山色如故。梅花萬本從君補，惟有朱顏難駐。君小住。正風雪長安，才把相思訴，春情最苦。怕忽到窗前，獨來竹外，見此故鄉樹。

　　端溪畔，亦有落枝無數。翠禽未許飛度。天涯只我銷魂慣，夢到年時漚鷺。冬且暮，問孤絕，孤山可是探花路。花如解語。待喚起師雄，邀將何遜，香海泛舟去。

贈陳秀才世慶東浦方伯孫

信有天孫無縫衣，重排舊句入新題。卷中集杜十二律尤工。我歸代訪甘棠去，一樹猶堪小鳳棲。

泉塘女士吳蘋香自寫飲酒讀騷圖作男子衣冠為題三絕句

屈刀勿作鏡，還我腰間佩。齒冷王明君，畫裾出邊塞。

笑不學梁夫人，愁不效西施顰。窮塗快意一慟，冠纓索絕臣髡。

湘草湘花恨未休，離騷元說是離憂。如君便作黃崇嘏，那有仙人許狀頭。

摸魚兒答吳研溪次來韻

最魂消玳梁如故，舊時棲燕重到。十年不買天橋醉，珍重一樽同倒。春信杳。正開徧唐花，誰賦離離草，迴廊獨遶。祢帳暖香濃，天寒袖短，似我倚闌少。

橫塘外，有箇茅亭低小。秋風偏又吹早。四山黃葉從飛盡，爭奈藤牽蘿繞。秋亦老，怕晴雨更番，空把蒼苔掃。浮生難了。待六出成銀，九還點石，還汝故鄉好。

又趙樹珊見余和研溪詞次韻索再和客至未果明日研溪亦再疊前韻來寒夜呵凍分柬兩君

盼遙天冰蟾未起，蒼茫鄉思先到。十千酒味渾如水，爭怪玉山難倒。征路杳，便綠徧平蕪，可是池塘草。高軒雲遠。奈獸炭消紅，鴈燈凝碧，情話故人少。

青溪畔，蔣妹芳年嬌小。而今也說衰老。梅花真有修來福，從未罵驚燕擾。開太早，怕吹篴江城，輕把紅鹽。掃閒門閉了。只炙研填詞，敲冰煮茗，此景客中好。

水調歌頭寄題王生季旭把酒問天畫卷

一望碧無際，如水復如煙。是誰塵海遊戲，題目九重天。遇著才人落魄，又值酒懷頹放，呵壁有煩言。卿果欲相問，何地展瑤牋。　湘水上，牛渚畔，柹江邊。一樣苔苔良夜，底事破閒眠。遮莫長娥惡劇，幻出陰晴圓缺，空裏促流年。我待喚高燭，為汝照歡筵。

感寒病泄謝賓谷先生餉人葠

民病日趨弱，葠值日趨高。良醫詣貧家，蒿目心煩勞。十年習靈素，雅擅時世�。盤根資利器，乃骫寸柄操。袖手非所安，嘗試徵其曹。柴胡桔梗流，亦自舒柔條。紛然起承乏，舉石投洪濤。主人頻有言，敢復辭譏嘲。所悲濟物心，利涉無輕舠。我生本薄植，是身如芭蕉。拔心偶不死，望秋欲先凋。七度上長安，髩禿朱顏燋。嚴冬感祁寒，筮得剝上爻。災疑小人至，道訝君子消。驟遺廉頗矢，銳減東陽腰。手撫未成書，淒淒感中宵。醫來技頗窘，繞屋行周遭。安求玉井蓮，焉索綏山桃。是時南城公，需次罷早朝。謂我疾未病，文瀾尚滔滔。慰我疾且已，道氣猶嘐嘐。遺我紫曇葠，為我迴春韶。一飲生微陽，曙色

明窗綃。再飲泮層冰，習習東風飄。沉疴得珍藥，似醉傾醇醪。憶我弱冠初，從公探風騷。清芬擷蘅杜，鬱烈紉芳椒。許我作屈軼，護我逾蘭苕。蹉跎負遠志，濩落同寒匏。別公積思深，心忡雙丸跳。公髭雖點雪，公筆乃更超。相期我與公，壽世千載遙。力疾起染翰，摛辭雜歌謠。辭成氣彌壯，室暖研不膠。神荼走相告，二豎已遯逃。

附答詩　曾燠

吾如李百藥，諸苦嘗之備。頗願世間人，安然去疵癘。昨來長安城，屢驚親故逝。厥病非膏肓，誤之由藥餌。嗚呼醫者心，人命乃兒戲。思舊未云已，子自江南至。曩昔美少年，顏貌亦顦顇。憂患為家人，風霜入旅次。河魚疾忽作，野鶴哀無類。聞子日沈綿，醫猶用猛劑。亟投以神草，明日減病勢。報章極雄深，不似病中囈。既喜君良瘳，又憐君善慧。岐黃固失真，芝朮亦多偽。偽者實酖人，人詎可嘗試。往聞許旌陽，曾以藥物施。又聞葛稚川，詳列養生事。子今行作令，於物期有濟。要當在實心，庶不愧仙吏。老夫讀黃庭，亦稍煉精氣。丹成倘遇君，一笑三千歲。

萬栁堂祀鄭氏生日圖為胡戶部培翬題

仙釋竊經說，嶽降滋紛紜。下士拘於方，持辨殊齗齗。鄭君本儒宗，非佛非星辰。豈無當時紱，繫彼獨角麐。惜君不措意，自述如靈均。廣記小說家，聊覆信所云。非敢好虛誕，愛敬藉以申。禮不禁義起，此例開千春。我登萬栁堂，肅如通德門。《太平廣記》述鄭君以永建二年七月戊寅生。按《順帝紀》，是年七月甲戌朔，戊寅，其五日也。

吳梅梁侍御程蕉雲工部阮小雲戶部顧晴芬少農招飲俱以疾未赴寒夜寂坐因懷皖中

未是幽憂疾，全孤瀲灔盃。桃花舊人面，香草少年才。謂張亨甫諸君。萬里師門遠，儀真公方移鎮滇黔。三更客夢回。殘冬半規月，照見皖公臺。

揚激明公責，謂嶰筠撫部。剛逢計吏年。半生知己淚，下邑愛人絃。定格應難破，懲華亦易偏。金蓮雙炬在，慎草孔融牋。

周郎伯恬。實健吏，司訓去宣城。山色敬亭好，詩名小謝爭。金鑾花比豔，逸少玉同清。領取杜門樂，從今罷遠征。

沈約吾畏友，小宛。中年足苦辛。心情最惆悵，肝膽見輪囷。拔俗五千丈，太白句。業文三十春。樂天句。上林猶待賦，莫厭長卿貧。

讀伯游瑟人元卿近作竟戲成一絕句

玉樓起粟陳方海，絕巘捫碑冀自珍。卻向小重山畔過，小重山房，元卿所居。清明風日正宜人。

曹玉水舍人為言錢衎石侍御甚好余文手錄成帙戄慼有作

並世楊子雲，狀貌了不異。韓文起積衰，避謗乃無計。愛古而薄今，此識久成例。矧我庸眾才，力竭不赴志。候蟲飲露甘，聊復鼓其翅。何圖置金籠，聽聲反成嗜。近者龔自珍，口雖不譚藝。姕姕古姬姜，百寶綴冠帔。亦有陳方海，秋雲澹無際。是皆在京師，所搆頗易致。瘡痂縱可啖，徒云鰒魚似。為公獻真魚，滿公好賢意。

梅梁於都門市上得錢宗伯寫生一軸署曰忘憂多子蓋為袁方伯所作者梅梁方伯孫女夫也喜而索詩

詩人餘技擅繪事，毗陵惲老嘉禾錢。毗陵傳色天下絕，如草稱聖詩稱仙。錢翁此幀以澹勝，水墨乃比燕支妍。得毋嫌名避遠祖，相傳吳越間，思武肅遺愛，以榴榴同音，改稱金櫻。安榴字不沿張騫。蕷花宜男與同瑞，於例雅得書牽連。當時袁公感善禱，果見麐鳳方伯二子名。來翩翩。何因零落入燕市，廉吏故物悲雲煙。我識吳郎年十五，錦瑟尚未調冰絃。袁公古誼世稀有，相士不減太尉焉。即今持節諭巴蜀，還朝夥繡猶朱顏。閒中過我譚及此，詑返秦璧歸齊田。縱觀已盡博陵籍，遺愛誰續甘棠篇。我於袁公亦有舊，每覯白菊思樽前。為君題句祝如願，閨中正貼宜春籤。

疾向愈報謝過存諸公

魟生住京師，一葉春波萍。感寒偶抱疴，十日輒送迎。誰造下執事，傳語勞過聽。頻煩長者車，來扣松間扃。疑我抱鄉思，慮傷獨客情。謂我耽覓句，戒作秋蟲鳴。據案檢方藥，探懷出葰苓。手札復相間，犇走疲奴星。吳下賤男子，百事無一勝。自問何挾持，足動諸公卿。夙分感久要，過實慙虛名。側聞白玉樓，召賦人已盈。奇零不中選，悉罷公車徵。仍還螘坻隊，大笑蒼蠅聲。仙曹雖下第，塵世期長生。起負朝日暄，旋覺夕膳馨。歲除病亦除，詣謝期初正。

酬孫光祿慧翼時平叔宮保展觀將至兼以迓之

羇懷兼病緒，撫候心傍徨。孫郎貽我特健藥，神妙不數千金方。攬衣倚枕一展讀，自覺氣盛聲琅琅。今年除夕大豪富，唐花晉帖排岩房。楊公子靜甫示宋搨王帖數種，久置案頭。君詩一百十二字，墨氣所耀如丹光。昨聞尊君已內渡，樓船晏坐方傳觴。朝廷命將中道返，隻手竟障鯨波揚。兵曹籌兵戶曹餉，專意西顧無東攘。聖主酬庸賞曲突，三孤位亞同平章。當時少年十數輩，或慕許鄭希班楊。子雲楊氏，今誤作揚。楊德祖稱吾家子雲可證也。不知何年習家學，甲兵十萬胸中藏。頃來得識兩雛鳳，時賢兄小平方舉京兆。執禮恭謹懲疎狂。京師歲晚劇紛擾，接天十丈車塵黃。病餘頗復厭俗客，往往剗啄驚匡牀。翩然一騎送詩至，愈疾乃類陳孔璋。方今西師暫高壘，逆羌授首期春陽。安邊已屬班定遠，載筆孰是儀曹郎。獮兒將種身手健，旦晚草檄徵嚴裝。

喜金溪少司寇過訪

傳聞謝客十年餘，意外先煩長者車。少作感公猶記憶，舊言令我一欷歔。綵袍未易郎官故，是日，以元旦七日內衣蟒。邸舍真成野老居。何日三吳看建節，暫拋刑法志河渠。

南雅滇南紀遊畫冊

典試暨督學，二者皆人師。典試收成材，先賴教澤施。三年持使節，何用培其基。雲南古南詔，萬里遠帝畿。文化被無外，助以山水奇。名賢遂踵生，忠直不徇私。前有尹壯圖，後有谷際岐。伊誰選茂才，得此喉舌司。吾友顧學士，謇諤上所知。亦嘗督滇學，愛士兼嚴慈。豈徒立條教，相感在氣機。宜有高岡鳳，翩然應昌期。還朝逾十年，思滇意未已。示我滇遊圖，展讀正容起。有峯必孤立，有水必見底。持證我所聞，宛然舊游似。先伯兄官滇中二十年。先君官粵西，以勘岑田二土司爭田之獄，亦一至焉。故山川土俗，家人多能言之。我已疲津梁，無心行萬里。因君得臥覽，俯仰集悲喜。遙念彼間人，清峭亦如此。殷勤叩文中，誰歟大弟子。

星伯法源寺讀書圖戊辰仲春琴隖所作越丙戌季冬出以索題卷中尚無一字傍徨不敢下筆星伯促之不已勉成三絕句

宣武坊南花事妍，昔遊回首一淒然。怪君行篋收藏固，索畫徵題十九年。

酪酒氈裘話壯遊，寒宵幾度看吳鉤。不知當日僧僚夢，曾見天山雪影不。

左龍右虎護幽居，此日重排萬卷書。可惜年時曾讀本，神仙字早餉蟫魚。

酬贈朝鮮侍郎申君在植即送歸國

各三千里集京師，何處傳聞某在斯。越境論交天覆廣，到家相憶月明知。還期
客燕重尋壘，或有征鴻可寄詩。持贈一編聊慰別，海潮帆影筆譚時。君先從汪孟
慈索得拙集。

除夕同鄉陳秀才森攜詩過訪兼韓孟溫李之勝喜而有作

獨客羈棲感歲除，鄉音珍重慰離居。何圖一寸樊南燭，快讀平生未見書。

見說群真集絳臺，龍姑魔女鎮疑猜。無端一陣霜風起，獨見寒簧倚檻來。

痛飲纔醒又放哥，閒中歲月易蹉跎。也知媚骨描難肖，刻畫翻宜济駱駝。卷中
《詠橐駝三十韻》酷似《石鼎聯句》。

天遣裁詩骨是花，手攀碧月剪明霞。疑君曾上臨春閣，親見南朝張麗華。

書生意氣敢粗豪，倚醉猶能字孟勞。君即日有寶刀祭詩之作，極激昂之致。我有寒山琴
七尺，為君試譜反離騷。

鄉里清才半未知，百篇剛讀夢窗詞。謂吳君文藻。近來馬賤黃金貴，待向何人說
項斯。

茶釀香溫一事無，不煩炙研寫桃符。憑君記取詩中畫，絕妙都門守歲圖。

樽前閒數眼中人，彭甘亭。董方立。洪祐甫。劉孟塗。俱已下世。總絕倫。期爾香山同
結社，種松親見作龍鱗。

真率耆英未可期，篇終聊作吉祥詞。香心一日千回死，君集中句。門外蕭郎那得
知。

賣花聲立春和研溪

孤館鎮清寥，忘卻春朝。無端傳語度梅梢。道是東風連夜到，過了溪橋。
何計遣今宵，好夢難招。金猊香冷研冰膠。只有燭花紅一點，暈上窗綃。

謁金門立春第二日索研溪和

春已到，何處探春去好。可惜唐花開又早，問東風未曉。　　一角西山斜照，
那見山容如笑。九十韶光排日報，看浮銷多少。

鬲溪梅立春第三日再索研溪和

周遭荒徑覓春痕，又黃昏。盼斷湘江半展，鬱金裙。凌波不動塵。　春旛春勝漫紛紛，太無因。那似初三月子，肯憐人。低幃忍翠鬟。

蘇幕遮元夜

酒生瀾，香起霧。佳節他鄉，各自為歡去。十里燈光紅夾路。待喚寒簧，沒轉冰輪處。　譜新詞，尋豔句。坐到無聊，才思都無據。苦憶芙蓉塘外雨。一陣瀟瀟，已是經年住。

詠老八首和賓谷先生

老儒

儒通天地人，學成身已老。寄語諸少年，著書勿太早。

老將

少年競首功，老去務持重。傷哉符離軍，主將心未動。

老吏

未聞斷獄平，但詡引例熟。使遇司馬公，愁汝飯不足。

老漁

洪澤與笠澤，各自起風波。移家儂不願，不慣近黃河。

老僧

出家三十年，知佛是泥塈。不如門外漢，地獄尚生怖。

老友

存亡渾見慣，聚散那足論。君看垂老別，悲思減新婚。

老僕

誰言盧家僕，不及霍家奴。盧家半間屋，歲歲洛城居。

老女

擇壻悔太嚴，因循及梅摽。昨見卓文君，方知晚嫁好。

蔣沛畲戶部檢得相國縣試浮籤裝治成冊獲觀有作

偶然題詠創千秋，寸楮分明玉篋收。不共神仙供脈望，早留姓氏待金甌。

沂公事業梅花句，太傅心情峴首遊。只我襴衫拋未得，卅年前己負青眸。庚申九月，相國於江西舟次見繼輅試卷，至今猶稱譽及之。

出京

車塵攪夢不分明，攜醉忽忽別玉京。行上石橋驚坐起，淺冰殘雪暮寒生。

碧城回首暮雲高，一半闌干雪未消。可怪蘆溝橋下水，祇催歸騎不通潮。

三間旅舍卸裝初，重見青門月一梳。記得昨宵窗下坐，春寒未覺畫簾疎。

發清風店簡黃定州

去年宿明月，對月愁嚴霜。今年宿清風，飛沙接天黃。風月本何異，所值不可常。此時大江南，人意方倘佯。花徑捲簾看，柳岸披衿當。豈知燕豫間，春氣猶閉藏。我行四十驛，未見一草芳。麥苗復何似，旱久根已傷。聊抒過客慮，吟入懷人章。

趙州喜雨

細雨燕南路，春泥入望平。漸思芳草長，忽訝綠陰成。山黛染猶薄，水波吹己生。沾衣橋畔立，待喚一舟輕。

二月十五日邯鄲道中

思家別友總魂消，趙北燕南驛路遙。說與仙真應絕倒，一畦新韭過花朝。

詞客游仙夢最華，碧城明月赤城霞。蟠桃一放三千歲，那得天壇有落花。

才人從古歸廝養，公子猶能識博徒。擬喚上真譚往事，仙山不貯漢唐書。

君淑亡日

兒女青紅痛易忘，天涯老淚獨沾裳。修文未必徵眉史，遣恨惟應事梵王。詩讖早成陶靖節，_{兒名良勝，取陶詩「弱女非男」〔註1〕意。今余尚未有子，殆成讖矣。}禪機悔授葉璃章。_{兒好誦葉小鸞受戒語。}傷心桮酒無澆處，蔓草平原一斷腸。

淇汲道中寄懷松嵐先生

與公一別十三載，腰腳還能似舊無。家世著書傳列女，_{頃見公近刻，知先母家傳已編}

〔註1〕陶淵明《和劉柴桑》：「弱女雖非男，慰情良勝無。」

入集中。**監司抗疏責真儒**。公備兵河東時，有封疆大吏學術不醇恐貽誤國事之奏。**閨中風雪憐才淚**，公姬人字湘花者，嘗語公風雪如此，不知吳蘭雪漂泊何所。公大賞之。**穎上林泉卜宅圖**。公僑居懷慶，預營丙舍，作圖見寄。**何日從公索雞黍，樽前雙抱小於菟**。聞公已連舉丈夫子。

自趙州至祥符皆已得雨而余行輒在雨後

茲行選日頗自許，程程得雨不遇雨。平疇一色青上天，疎林漸欲生春煙。東皇憐人動春思，特放一蝶飛車前。車行泥塗慎勿怨，膏汝雙輪易為轉。君不見朝官登車骨欲折，車輪碾土碾成鐵。

瀕行賓谷先生虹舫閣部椒堂京兆若士大令俱有詩送別舟次奉答

垂老臨岐淚，平生知己恩。為憐情緒苦，彌接笑言溫。叢桂方招隱，芳蘭孰共論。惟應待歸燕，未忍掩重門。

多病公無慮，虛名我自驚。相期作循吏，猶恐負家聲。門已懸弧未，閣部望子頗殷，時側室有姙身者。詩煩擊鉢成。歸裝具三絕，兼謂春湖、中丞、南雅學士。未覺一舟輕。

恩榜開吳越，曾叨說兩花。庚申秋榜，余與京兆皆十七名。儀真公指示座客，此又成故實。如和凝第十三名矣。敢云肩可比，剩有髻同華。折福懲名晚，傳經屬望奢。湖壖舊精舍，歲歲樹陰加。

俗吏非為酷，無情怨已多。矧君將母仕，何用得人和。瑣瑣農桑約，循循孝悌科。慈幃千曼壽，此樂勝岩阿。

題畫馬

相約蕭郎作遠征，斑騅赭白有聲名。即今春草連天遠，無分從公乞騎兵。
名姬駿馬肯生離，一樣曾叨國士知。我獨心傷十八騎，束芻別奠憤王祠。
積雪千年化白沙，風來吹作鬢邊華。何人仗節軍門立，閒殺郭家師子花。
由來戰騎習橫行，立仗經年百病生。說與房星休自喜，天山試聽踏冰聲。
密誓流傳定有無，洗兒拜母語全誣。畫師偏喜譚天寶，還寫楊妃上馬圖。
昌穀傷心賦小詩，長牙瘦骨少人知。勸君識得便須買，那有黃金似土時。

虞美人 初見白鬂

朝來不合窺明鏡，衰老今番定。清霜不去染丹楓，卻只黏將柳絮撲簾櫳。　　秦家小女言辭巧，強說鬖鬖好。流年如水不聞聲，已是教伊兩度報分明。

寄五真

昨見新韭綠，春疇已可憐。今見菜花黃，彌覺春色妍。桃必種千葉，杏或移日邊。名園集嘉栬，增華自年年。寧知遠遊子，憔悴彫朱顏。朝來風日好，覩此情怡然。貧賤易以遣，富貴難為歡。即事悟知足，奚煩五千言。

車行苦顛頓，忽覩一舟過。遙望舟中人，何殊天上坐。及至身在舟，又怨舟行遲。揮鞭者誰子，目送心與馳。人情有歆羨，易地已如此。何況所未經，較甚見獵喜。出世且未能，淺嘗宜可止。

菩薩蠻濠梁舟次再寄五真

東風吹得春波軟，歸帆定比征帆緩。迎我到江城，垂楊又一程。　　晝長春夢短，路近歸心遠。鳥語綠陰中，鄉音同不同。

故人書札先春到，書中勸我歸來早。夜夢鬱金堂，珠簾玳瑁梁。　　離觴偏易醉，分與思鄉淚。十二曲闌干，語長忘暮寒。

而今真喜歸期近，龍山染黛朝臨鏡。手篆囑桃斐，莫隨胡蝶飛。　　江波濃似酒，耐得憑闌久。暮雨乍瀟瀟，吳船隔幾橋。

平蕪望斷江南路，槐陰亦是江南樹。春雨最關情，春雲綠滿庭。　　梁間聞燕歡，生小雙棲慣。甚日掩重關，賣珠人未還。

椒堂席上晤鎮江王別駕好譚星祢之術云所見佳造無過鄂文端張船山其年月日時正得官印財身四祿文端貴極人臣而船山終身湮菀以為才名折福之驗於時一座憮然以文采為戒余意不然文端勳名豈反後於船山耶船山不工詩便當作宰相耶舟行無俚聊抒所見以自警焉

造物曷忌名，忌者虛名耳。船山名不虛，然已過實矣。嗟餘少孤露，弱冠出負米。諸公方求才，偶自郭隗始。因之竊盛譽，豈徒負知己。忽忽三十年，困頓抑至此。船山誠佗傑，顧我何敢擬。乍聞星家言，怵惕顙有泚。越哉老莊徒，其說異孔子。沒世無可稱，先師以為恥。副名自有道，一息及未死。非云謝春華，即已具實理。蒲栁望秋零，何如作桃李。

小游仙

奎宿新從下界回，玉樞上相最憐才。一篇刑賞琅琅誦，猶記歐陽主試來。

群真百輩集蓬山，爭訝詩仙玉骨孱。明日欻關聞細語，西池侍女送還丹。

一編抱樸著初成，匝月傳觀偏玉清。獨有文郎鈔副本，彩鸞書格冠瑤京。

上界憐才法網寬，狂言特赦柳宗元。朝來又下求賢詔，待起行吟楚屈原。

謫吏攜來下界書，最拋心力紀方輿。璿宮特為翻新樣，幅幅仙裙地理圖。

燕瘦環肥總可憎，除教王母選傾城。豈知絕豔新來少，綠鬢凋殘王子登。

玉軸瑤籤插架儲，琅嬛一樣有蟫魚。頑仙不識人間字，奉敕先頒許氏書。

仙史分修列傳成，劉樊葛鮑總無名。不知別詔徵誰去，敕限青鸞十日程。

塵中才筆近何如，切責相如賦子虛。卻怪淮南成道久，何因得見宋儒書。

點石神丹化作灰，仙官自有度支才。卻因王會開閶闔，繁露新遷典屬來。

防河轉餉事如麻，天語煌煌訓黜奢。腰扇肩輿都屏卻，退朝齊上綠瓊車。

五夜香薰薦士箋，循良一例重人天。負他台輔懷仙吏，勾漏辭官已十年。

阻風遣悶並寄嶰筠先生

孤篷三月起秋聲，愁絕淮南百里程。一雨寒威如小雪，思家情緒況清明。
滄錢幸不疑君實，《江北通志》逾年未成，前中丞張公頗疑繼輅等有意作遷延之役。椽燭何堪效
子京。我較楊盧才未逮，敢煩風送片帆行。

六安雨阻東曹博士鳴鑾

天遣相逢十載遲，客中剛得訴相思。東皇知我難為別，吹遍山城萬雨絲。

七子才名冠建安，夜吟未覺月光寒。閒庭咫尺知音在，便抵春風鬢影看。君有
一青衣，酷嗜君詩，君為作聽詩圖。

傷春蕉萃又悲秋，小草千年怨未休。直待江郎為寫恨，三生紅淚一時收。君近
賦秋海棠，絕工。

斜日蒼茫動別情，吳江秋色見分明。笑他七字崔黃葉，一語纔工已擅名。君有
紅葉詩三十首，傳寫徧於江南。

相公儷笙宮傳。介弟屈閒曹，第五名齊驃騎高。留作護花幡亦好，東風吹雨撲窗
綃。

三月晦日舒桐道中

曉來絲雨晚來晴，連日看山到皖城。溪水漫橋仍喚渡，草花夾路不知名。備諸
皴法盤盤石，耐盡歸思緩緩程。去住由來非意想，又經一度餞春情。

崇百藥齋三集弟四

玩粱集起丁亥四月盡十二月

嶰筠先生與客譚古韻成詩十章見示奉和如數

雙聲疊韻本天成，草木蟲魚孰命名。只恐詩豪曹孟德，誤從蒿里聽雞鳴。鄭氏庠以陽、唐、耕、青通用，此誤相沿最久。傅毅《舞賦》「容不虛生」、魏武帝《蒿里行》「千里無雞鳴」，東漢時已混而同之矣。

展卷元同白黑分，別裁偽體竟無人。試看虞帝思親操，喜起何曾可亂真。馳字，也聲。《思親操》乃與「歸」字為韻。凡斯偽作，如《箕山》《黃鵠》《采葛》諸篇皆選家所宜急屏者。

漫將郭索儷鉤輈，鉤字，侯部。輈字，尤部。不通用。詩律寧從疊韻求。落木長江君聽取，不關杜老誤千秋。「落木」、「長江」，淺人誤指為疊韻。子美初未措意，不任咎也。

柳州晉問軼觀潮，可惜蠻鄉韻太淆。誰識河間張內史，開章先已亂宵豪。

江釭分韻顏師古，《〈漢書·孝成皇后傳〉注》。宥候兼收韓退之。謂《南山詩》。不及將軍諧競病，居然曾讀古謠辭。《左氏·僖七年傳》鄭孔叔引諺。

無端會意誤諧聲，婦服同音訓最精。莫笑江州白司馬，羅裙翻酒太關情。《琵琶行》以婦聲入遇御，固非。今讀作皐，乃誤以為從女帚聲。

凡鳥題門訝客狂，當時古韻未全亡。詩人逸句分明在，不似樊南弄鳳皇。義山詩「侍女吹簫引鳳皇」，近有改引「鳳」為「弄鳳」者，云：「與鶩鷃俱疊韻也。」不知「鳳」字凡聲。荀子引《詩》「有凰有鳳」，與「心」字為韻。

壁《唐韻》廿三錫。躄二十陌。熒十五青。瑩十二庚。判部居，唐人韻學足軒渠。何當乞取澄心紙，重倩吳孃玉挽書。

那得諧聲有變遷，亭林創說豈無偏。顧氏好以侯部中字如傴僂踰踆之類狃入虞模。尼山先世銘辭古，字字都堪被管絃。

同文典重比同倫，外史頒來列國遵。安得數公操古誼，軺軒過處悉還醇。

傚唐人重有感二首寄雲汀師

急羽多慚擇木禽，我留公去費沉吟。雪蕉謾就時人景，風絮頻傷獨客心。身後是非行自念，史家刑禍本難任。西京相業曹侯好，何必平津學術深。

香屑詩才錦不如，琴尊耐得十年居。空勞邢昉思訛字，未許南華引癖書。薦士久忘韓吏部，緩刑又失路溫舒。一端聊博先生哂，此是秋風落葉初。

疎影 題馬湘帆湘帆圖即送之楚

西風吹暑，正江城如畫，客意悽楚。誰寫瀟湘，疎柳千條，年光過卻飛絮。征帆幅幅相思影，況不是，淥波南浦。除倩他，竹淚蘭心，解識才人意苦。　　窗外秋雲無定，與君乍握手，便訴離緒。一葦滄波，已覺推篷，不似青溪煙樹。楚天從古銷魂地，休喚起，湘靈爾汝。有故人，凝望歸舟，難訂再相逢處。

甘州 去年同人賦秋海棠得詩百餘首今此花又放矣

捲湘簾一蕣破輕陰，秋到已經旬。正去年此際，瓊箋擘處，花雨繽紛。認取夢迴嬌靨，索付未消魂。那更娟娟蜨，尋到牆根。　　我欲邀將秋士，借紅巾搵淚，翠袖傾尊。奈青衫顦顇，強半涴征塵。便禁風，闌干倚遍，怕明蟾無處照愁痕。憑誰共，較量肥瘦，重話殘春。

六州歌頭 附同作　聰應

秋陰庭院，低亞一枝枝。顏色薄，腰支弱。傍疎籬，隱嬌姿，仿髴深閨裏。濃睡覺，鬢雲亂，紅袖展，拋歌扇，不勝衣。記得年時，話別鞦韆下，淚漬臙脂。盡嫣紅姹紫，無計遣相思，終日簾垂，燕歸遲。　　早闌干外，西風緊，荒苔冷，暗蛩啼。花徑誤，平蕪暮，屐痕稀，此何時。舊日銷魂處，宿妝褪，燭光微。春夢遠，芳音斷，蜨分飛，耐得閒階，淒寂無人賞，獨自芳菲。待宵來月上，和爾鏡中窺，莫怨將離。

布薩詞戲為里少錢生作

半欲梳頭半讀書，春山曉黛捲簾初。畫裙未著窺難見，只隔橫窗問起居。

烏絲界就十三行，一字分明一夜光。寫到雙飛敲玉管，為他誤字費思量。

八角流蘇護短檠，當眉對臉太分明。蕭郎莫作橫陳想，看我飄煙上玉清。

幾度因循玉簟秋，別時蕉萃見時羞。何因簾底纖纖月，得共輕雲上玉樓。

長亭怨慢喜晤戴孟昉並柬宋于庭

乍簾外，朱霞飛墮。小院秋蛩，向君啁唧。兩點金焦，祢來已是八年別。滄波風快，正無奈，輕帆難乞。問訊江鄉，剛說到，柳絲堪折。君為誦近作柳枝詞，極淒婉。 淒絕。試天涯極目，幾度煙雲消歇。年時仙侶，止剩得，張郎花骨。謂舸齋司馬。便樓頭，玉秤昭容，那還記，夜珠如月。索笠屐相從，踏遍剡溪殘雪。

附贈詩　丹徒戴彥升

羹羹璠璵器，理勝兼孚勝。寶玞爛滿目，琁源閟中孕。九聲開浩奏，和鐘叶離磬。后夔能依聲，中旗庶善聽。精神周百紀，名價敵千乘。文章經國業，志行貴相稱。良駬駕今展，鉅子學舊證。循吏與儒林，位置未易定。小夫綴碎語，寸莚洪聲應。象楮刻雖成，燕石難為贈。區區牛一毛，嶽嶽麕之頟。恢張出世宙，洗盪及不俟。敢作集中賊，願掃門前徑。

送吳丈山錫歸吳門即題其都門近稿

春明重夢集，一讀一沾襟。此地最傷別，斯人能苦吟。歸舟閒五瀉，遊橐抵千金。那得從公去，秋山句共尋。

初聞絡緯和吳丈

似我驚秋早，輪渠稱意鳴。乍疑村舍近，便覺暑風清。織具拋來久，歸帆借未成。怪他黃叔度，南北聽分明。仲則丈詩：「一樣夢醒聽絡緯，今宵江北昨江南。」

見歸雅次戴秀才彥升韻

風影蕭蕭感歲寒，歸禽幾度客中看。夕陽催送黃昏早，落葉重還碧樹難。門巷大都聞燕去，邊城無分逐雕盤。慰情獨有如蓬鬢，猶向高秋惜羽翰。

對月次戴秀才韻

每到憑闌動別情，相思欲寄未分明。現愁玉兔高難飽，似此靈丹竊不成。幾處樓臺還近水，暫時風雨詎聞聲。笑他歡會癡牛女，又踏危橋一度行。

金縷曲 西風和異之韻

落葉吹凌亂。正閉窗，袷衣初試，校書人倦。一桁湘簾深深押，留住玉爐雙篆。有幾處，招涼池館。才說荷香清入夢，早蕭蕭，暗把流年換。休更問，垂楊岸。

　　淒涼客緒禁來慣。祚江船，無多歸路，任公臺畔。不奈輕帆渾難借，坐聽打城潮滿。若待得，春庭蕙轉。此際少兒應絕倒，怪渠儂，未是東行伴。空目送，蜚鴻遠。

一萼紅 感秋次異之韻

夜漫漫。聽空階墜葉，霜信到江南。燕壘泥鬆，榆錢莢小，已教耐過春寒。待喚取，龍姑魚婢，跨長鯨，飛趁暮潮還。少女音乖，童男已老，誰話辛酸。　　除是華嚴彈指，現程程樓閣，緩駐青鸞。玉盌盛時，丹砂擲處，也應費盡還丹。且試把，秋花五，萬灌銀河，一葉不教乾。休被悲歌宋玉，收入文瀾。元作以南字入韻，蓋沿玉田之誤。

清平樂 伯厚以葉小鸞研銘拓本索題感念君淑君素不自知其聲之噍殺也

紫雲一片，曾共曇花現。推隨塵中如草賤，卻又不容留戀。　　零縑斷墨摩挲，深閨遺恨偏多。怪爾熒熒雙眼，看人流淚成河。

祝英臺近 為志局總纂韓舍人題畫

暑全收，寒未甚，約畧近重九。薄薄窗紗，聞得木樨否。那知百斛幽香，隨風零落，已半付，斷垣涪繡。　　將進酒。休教籬畔黃英，又怨掃花帚。老去泉明，行樂未應負。不須苦憶春光，夜來青女，早偷換，五株煙柳。

綠意 甘雨應祈斸筠中丞召飲有作

玉壺清醑，正疏簾短簟，迎涼無處。手種秋花，潑翠啼紅，仿髴濃春院宇。修眉自是初三好，且暫遣，素娥離緒。看小橋，幾日溪痕，消減帶圍如許。　　長恨浮雲天遠，怕銀漢，隔斷人間私語。誰道金猊，雙篆因風，吹上璚樓闌柱。宣城詩句篇篇在，試說與，傳言玉女。待鳳簫，譜入霓裳，別灑一天花雨。

附和作　鄧廷楨

碧寧涼釂，恰迎涼小坐，桐陰多處。一雨關心，稻熟花疎，已是新秋淨宇。雲蹤巧借風吹合，共絮說，少年情緒。俯碧波，似此題襟，便算聚星應許。

　　回看姮娥西下，憶諸將，塞外宜傳好語。電埽花門，挏斷遊魂，珍重銘功銅柱。小橋烏鵲良宵架，且莫管，喁喁兒女。但乞他，分減銀河，散作洗兵甘雨。

輯江北藝文志成題後並寄鄧博士顯鶴

藝文十卷訂初成，百感蒼茫赴短檠。放眼畧消窮士恨，驚心乍見故人名。謂江安甫、金胍甫、劉孟塗、汪奐之諸君。剛柔分日摧華髮，雅頌千秋有正聲。莫笑書生生太晚，鎮邀江戴話嚴更。

何曾青史見生前，沒世心情亦可憐。三丈豐碑酬宰相，一堆故紙葬神仙。尊彝易毀銘辭古，芝術無功竹冊延。手檢叢殘重灑淚，挑鐙猶擬駐流年。

附和作　鄧廷楨

三年刻楮費冥搜，坐看珊瑚鐵網收。點鬼不妨同一簿，有神終與訂千秋。壁中經自蠹叢得，海底珠勞象罔求。昨夜奎光燭江介，直須萬卷署高樓。

管同

潛霍文章久零落，端明書局幸今開。志難每信江淹語，篇出方知陸賈才。無數鸞凰留指爪，何時龍馬再胚胎。平生師友淮南盛，鬼簿紛登亦可哀。

申耆見余小游仙詩和韻一首見寄惘然有作

珍重江鄉招隱箋，相思最是已涼天。鏡中日日朱顏改，那向唐生更問年。

附來詩　李兆洛

為意難窮百幅箋，敢云出處竟關天。酒人自有荊卿在，何必田光尚少年。

江城子和嶰筠中丞

最難禁受是初涼，倚空廊，望滄江。幾葉枯荷，蕭颯勝花香。記得相逢春似海，渾未覺，午陰長。　　蟲兒唧唧燕兒商，盼秋光，怨秋霜。細數歡筵，三萬六千塲。獨有年時寒女線，猶待與，繫斜陽。

附元作　鄧廷楨

江天小閣又新涼，月過廊，露橫江。瑟瑟風吹，秔稻滿陂香。半晌茅亭閒瀹茗，斜照外，柳絲長。　　譙樓畫角換清商，憶歡場，惜年光。多少寒松，翠柏怯輕霜。鄰笛一聲人去也，淮水落，弔山陽。

又附同作　祝百五

空庭雨過乍生涼，步危廊，聽秋江。那得荀郎，三日坐來香。一桁湘簾慵未放，人不寐，夜初長。　　盈盈一水即參商，盼容光，鬢成霜。為問年來，何處是歡場。悶倚熏篝思往事，憔悴損，沈東陽。

聰應

偶來水閣逕新涼，繞虛廊，眺橫塘。擬借扁舟，七尺布帆張。一任西風吹去也，鴻宿處，是江鄉。　　蕭寥秋士那能狂，轉迴腸，惜年光。待得雙螯，初滿酒初香。敗葦殘荷都去盡，籬菊放，展重陽。

南阮令積陰遣悶戲合望江南阮郎歸二調填詞一首接日有作牽連書之

思芳草，胡蜨幾時來。胡蜨見花不見草，南牆出絸北牆飛。花殘蜨又歸。

重門閉，日暮最相思。六甲神符催不動，向來小膽素娥知。「膽小看月遲小」，吳下閨中語。生憎月上遲。

窗前過，放筆乍聞聲。報與陸釵渾不答，強將箕斗看分明。春纖玉削成。

江南好，最好洞庭秋。山上斜陽山下水，橘枝紅到木蘭舟。無人話舊游。

門前路，一步即天涯。剛說上河圖畫好，有人偷展玉鵶叉。春遲日未斜。

催春去，春去未分明。西下夕陽東上月，知他何處是歸程。一園鶯燕驚。

槐陰夢，作劇是游仙。螘陣蜂衙渾一笑，不須便擬畫凌煙。春愁在蝶邊。

春塍近，繞屋稻花香。穎上心期陽羨約，最難仿髴是南陽。空栽八百桑。

東廖八大令大聞

龍眠曉黛捲簾看，乍覺單衣中薄寒。杜老重逢吟轉苦，冠君一去借應難。搴蘭道遠江分界，攀桂天高月有闌。此日鄉心留不得，蠻雲極望正漫漫。

賣花聲 題楊楓村負米圖

風雪滿江干，笠重衣單。歸期長是歲將闌。有個倚閭人獨立，望見兒還。　乞米未全慳，持勸加餐。畫圖著意寫孤寒。一種心情誰寫得，掩淚承歡。

又 元伯招同於庭石似飲大觀亭元伯有詩餘用其韻填此

攜酒上江亭，秋色淒清。樽前難與訴離情。南到滇池西雪嶺，幾許征程。何事尚干卿，雄辨縱橫。魚龍耳熟是吟聲。此日聽來渾不似，有客譚經。

洞仙歌 莊斯才表弟招同俠仲丙季於庭伯厚小飲寓齋懷舊有作

狂歌痛飲，喜樽前豪氣。猶有當時少年意。正新涼初轉，素月將圓，休看得，一度歡場容易。　雲溪趙青州所居。煙景好，玉簫無聲，樓上閒窗早應閉。搴箔數秋星，蝶夢恩恩，又飛去，君家仙吏。謂邠州兄。問從此江鄉更何人，解喚取紅巾，搵離人淚。

風蝶令 連夕夢與紹仔相持泣覺後枕痕狼籍意頗惡之且日成此以當書門大吉

小炷燈猶在，初涼夢易驚。敲窗落葉一聲聲，驗取十年離恨不曾平。　欲語君先咽，相逢淚轉傾。依然輨跡未分明，可惜恩恩兩度負殘更。

又 作前詞後二日紹仔書適至悲喜交心復成此解

水遞郵筩速，霜寒筆蹟真。經年芳訊斷江鱗，盼到積陰簾幙月華新。　鏡裏人非舊，樽前氣漸馴。烏絲十幅寫來勻，還說望廬情事不堪論。

餞秋次梅史舊韻

莽莽平蕪森森波，花飛草長此經過。誰將綠葉都收去，喚作陽春奈小何。卻暑疏簾還蕩漾，登高才筆漸銷磨。肯迴背面寒簧影，全把離情訴與他。

可待嚴霜損玉顏，嫩涼便見蹙眉彎。並無蟲語聽終夜，鎮倩虯枝守故山。九辯已成應恨早，重門雖設定長關。除教耐到消殘雪，手拓文窗遲燕還。

鶯花庭院許勾留，未信蹉跎到晚秋。別路正逢鴻北至，涼風猶在屋西頭。荷錢榆莢資裝盡，雨笠霜蹄旅客愁。倘上小樓看柳色，此時轉悔誤封侯。

詩篇檢點自鈔存，歷歷江關返斷魂。晚菊尚留空谷豔，丹楓最受夕陽恩。重邀綵筆消寒課，領取香簽對語溫。竹友梅妻共要約，莫教涼雨濕啼痕。

附和作　　岳良崧亭

長天一色疊江波，倒影驚看雁陣過。婉轉又逢將別候，依然無奈此愁何。閒尋落葉生惆悵，淨洗疎桐待甄磨。手奉寒漿階下酹，願求白帝慰留他。

芙蓉已老鏡中顏，脈脈無情水一彎。送酒不嫌來遠市，閉門仿彿在深山。記曾豔影銷金谷，又見征車返玉關。灑掃軒窗勤堵塞，霜風迎得朔風還。

黃花一幅寫常留，月下燈前總是秋。天際商聲傳木末，海門餘怒息潮頭。歐陽作賦增悲興，王粲登樓動遠愁。好片平蕪頻試馬，馳驅誰去覓封侯。

盆植梅根古幹存，小春時節續香魂。自尋煩惱原多事，不惜流光亦寡恩。夜永漸看樺燭短，茶餘微剩竹鑪溫。如何來去渾無語，空惹詩人有淚痕。

楊大墉伯厚

皖江東去卷涼波，九十秋光一瞬過。遷客羈懷同屈賈，感時索句擬陰何。砧傳鄰月衣誰寄，鬢點吳霜鏡懶磨。此後芳華天不管，桑枯草歇總由他。

暗中日日換朱顏，怕看芙蓉水一彎。淫雨何時乾后土，衝飇是處響空山。迎來記得通銀漢，送別真應出玉關。天半白霓驂習習，待憑梧葉報君還。

上下雙丸孰挽留，四時遞謝獨悲秋。擅名久薄君卿舌，受責拌遭子羽頭。鷙隼飛高身世感，鶗雞鳴激古今愁。檀欒修竹長無恙，不願求封萬戶侯。

三逕空餘斷石存，淺斟菊酒與招魂。荷心未解飄零苦，栁眼難終顧盼恩。底日陽春仍送抱，有人敗絮詫奇溫。荻蘆洲畔花如雪，飛上征衫變淚痕。

聰應

記曾南浦怨春波，一度仍煩載酒過。蜨夢未須霜檁警，燕歸其奈玳梁何。風聲縹緲帆誰借，月色模糊鏡待磨。每到秋來生悵惘，豈知秋去又憐他。

漫擬燒丹可駐顏，東風只隔玉繩彎。園林冷落思芳草，雲樹蕭條出遠山。座上是誰歌易水，客中切莫唱陽關。懷人一日腸千轉，夢到相逢鳥喚還。

秋去元知不可留，縱教留得是殘秋。寒雅陣陣橫天末，征騎蕭蕭過陌頭。綵筆難傳江令恨，綺琴空訴長卿愁。玉門此日應飛雪，幾輩歸來萬戶侯。

歲寒松柏自長存，那似繁花斷客魂。綠葉都成前度感，清霜也算故人恩。由來別酒顏難醉，休怪臨岐語未溫。料得傷春狂杜牧，又教舊淚掩新痕。

秋日漫興次崧亭先生韻並簡莊五表弟

一鉤涼月已如波，知已無煩託太阿。對酒情懷消綺麗，援琴心氣驗乖和。移來修竹嫌庭小，竹茹入藥，向同年李給諫乞得一株，苦無種處。買得雙螯盼客過。蘆墅新淩北原菊，連宵鄉夢定誰多。

伯厚示貴池道中二絕句讀之出涕次韻奉答

長繩待繫日西斜，積影偏驚赴壑虵。鶴是離巢猿失偶，本來無分及寒雅。

慣向天涯折柳條，怪君一日鬢全彫。誰家茅屋圍爐坐，手把松枝帶葉燒。

買菊

招隱頻煩杖策來，出山也只辦裝催。試拋十戶中人賦，便有名花四面栽。韞匵易高沽玉價，牽蘿還待賣珠回。繡雲駿足傾城笑，說到黃金總可哀。

觴菊

觴茇傳柑興易闌，尊前風景太清寒。聊將綽豔矜姚魏，幸未虛名附芷蘭。四壁紅羅圍綺席，一簾紫霧擁雕欄。此時愁絕陶彭澤，衰柳蕭蕭倚杖看。

鄰女貽菊一枝所稱白霓裳也大如芍藥寓室求罌持不獲以酒器插之彭城君見邀聯句

一枝勞折贈，_{五真。}冠絕皖江秋。_{修平。}楚客今華髮，_{五真。}燕臺感舊游。_{修平。}衣空金縷夢，_{元遺山詩：「君詩但有貧女謠，何曾夢見金縷衣。」五真。}曲謝紫雲偷。_{修平。}為爾添微暈，_{五真。}閒愁醉亦休。_{修平。}

張舍人同年_{廷譔}過訪話舊並貽近詩八卷

一編又見訂詩成，不但詩清宦亦清。守禮肯隨秦博士，抗言全庇魯諸生。_{君與周保緒後先官淮安教授，周以丁祭儀注，君以諸生冤獄，力抗上官。}揚州杜牧淹殘夢，_{謂保緒。}潁上歐陽繫別情。_{君買田淮上，間往省視，迂道過存。}恨少金篦堪刮目，且教拋卻讀書檠。_{君目疾方劇。}

乍寒小飲感念君淑有作

惟汝差能飲，常憐無酒錢。一家歡薄醉，三載痛長眠。蕭寺誰澆奠，空廬復管絃。重泉如可見，不願祝延年。

寒夜獨飲有懷

江北儒官甲天下，周伯恬。金曙洲。沈小宛。宋于庭。皆絕倫。鴻詞大科久不舉，駿雄之士安長貧。寒雲壓簷雪欲下，濁酒引醉裘差溫。何當呼取共歲暮，使我破屋迴陽春。

小游仙為呂生慰祖題畫

小別重還逸興奢，仙山不見夕陽斜。蟠桃一放三千歲，曾是人間短命花。休問恩恩下界春，雲英悔恨締仙姻。長娥笑倚寒簧坐，消盡冰輪不嫁人。

戴孟昉歸舫載書圖

天涯何處指吟鞭，今日遊輈異昔年。忽展畫圖驚盛事，還家猶剩買書錢。孤貧長自借書看，十日鈔成不啟關。老去重捫孝先腹，荊州一道已全還。

江亭話舊圖並序

> 同榜十一人會於安慶之大觀亭，楊君天璧為作圖，巘筠中丞詩先成，餘次韻。

故人相見感流年，互說遊輈一惘然。此日憶雲勞引領，當時立雪記隨肩。論才我敢羞王後，十一人，中丞名次最前，余次之。愛士公能恕牘前。猶恐恩恩移使節，安西都護正籌邊。中丞官秦中最久，時楊宮保參贊回疆軍事，陝甘督尚未真授。

附元韻　鄧廷楨

一詠霓裳便卅年，重逢鬚鬢總蒼然。東西那記曾留爪，左右何期更拍肩。白紵新詞在江上，青春舊感落樽前。升沉各有千秋業，珍重亭皋夕照邊。

餞菊和鄧中丞

送汝何之霜滿天，異鄉花事復經年。交因耐久彌傷別，性最禁寒亦謝妍。顧影我猶憐素壁，餐英人已證飛仙。枕函珍重餘香在，值為扶容又放顛。

附同作　楊大墉

西風無力保芳華，咫尺東籬別路賒。枕裏餘香供選夢，梧盛新釀抵湌霞。我來已值初霜日，君去全空滿徑花。女幾山頭秋易老，剩教殘月照蒹葭。

探梅和鄧中丞

道是山陰定水陰，東風消息尚沉沉。衝寒待索巡簷笑，迨吉猶持解佩心。容易師雄教入夢，本來和靖耐孤吟。莫辭再步西洲屧，聽取落枝向曉禽。

附同作　汪鈞平甫

前村記得路依稀，彳亍行來是又非。破屋斜陽偕叟話，小橋殘雪遇僧歸。山深有信香風細，徑古生寒酒力微。忽憶高眠林處士，遙天一鶴出雲飛。

簡孝逸

饑歲迎年雜喜嗔，尖叉舊韻又翻新。君方邀同人作餞冬詩。春來誰作司香尉，君去應無對月人。如此峭寒驚倚竹，一般絕豔妒飄茵。廣庭向曉看飛雪，苦憶南朝耿玉真。

豈止禁寒減帶圍，綠雲都損舊來肥。並無紗可江頭浣，剩有蓬看病後飛。葉縣雙鳧難久住，剡溪孤艇又空歸。小樓盡日風聲裏，何計將身作錦幃。

孝逸和詩至次韻再答

醉矣寧知丞相嗔，詩牌觸政一番新。欲消豔思依僧寺，最解憐才況美人。北地即今無粉黛，西曹那許污車茵。飛璚坐謫因何事，除問當年賀季真。

蕭郎吟榻萬花圍，桃李都煩較瘦肥。綠萼肯教黃蜨見，紅羅早化絳雲飛。似君俊賞能消妒，非我佳人誰與歸。珍重淹留同歲暮，漫營鄉夢賦低幃。

寓感柬孝逸

謠諑紛紛定有無，感甄窺宋語全誣。畫師罪甚毛延壽，懸寫真妃出浴圖。

廣寒閨範竟何如，吳質寒簧比屋居。三萬八千修月戶，何妨日日見仙姝。

慕色憐才總至情，香光世界有蓬瀛。詩人慧業超凡易，三疊琴心大道成。

僕射何如飲酒佳，玉人剛為拔金釵。宵來雪壓牽蘿屋，那得相逢不坐齋。

萬綠詞人亦可傷，乍來塵海學趨蹌。憐才獨有西王母，口勅飛瓊賜一觴。

寒閨

一帶簷花冰柱低，粗籠翠髩見柔荑。丁寧侍女鑪中火，辛苦蕭郎雪後泥。小病尚餘前日醉，相思微露隔年嗁。夢來忘卻迷藏徑，暗趁衣香上玉梯。

孝逸未及賦餞秋詩別成餞冬四律見示漫和如數

餞罷秋光又餞冬，詩人情緒恨重重。也知殘歲難為守，多恐陽春亦枉逢。殢酒宵深猶換燭，探梅路滑試扶筇。嫦娥命薄禁寒慣，轉為迎年減玉容。

謝庭絃管已全收，飛絮濛濛掩畫樓。苦惜凋年供玉戲，預愁寒女見花羞。何人解索巡簷笑，此夜真成曳雪留。一握兠羅溫入骨，不妨沽酒典征裘。

燕趙黃塵擁據鞍，了無佳夢過邯鄲。一年輮跡從頭數，三郁飢寒袖手難。越女待迎車緩緩，秦聲猶聽夜漫漫。呼僮貯雪供銷夏，旨蓄居然勝蜜官。

朝天司命酒盈觴，笑我今無博士羊。暫輟祭詩除結習，敢因壓線妒新糚。飛揚野馬從何挽，激楚寒雞貫趣裝。說與神荼渾不曉，年年長自傍門牆。

附同作　　莊魯駰

漫誇文史足三冬，都付山重與水重。客久更無愁可訴，天高猶有月相逢。屢經駭浪停征櫂，偶憶寒梅覓短筇。笑我頻年飄泊慣，嚴霜凋盡少時容。

厭聽荒雞促去鞍，匆匆澆酒過邯鄲。迴風舞雪分衿易，補屋牽蘿聚首難。何日鶯花歸腕晚，幾回煙水望迷漫。平生傲骨禁寒久，卻怪相知半冷官。

柬孝逸江干阻風

不禁觸熱耐衝寒，江上依然雁影單。一別車公行樂減，初來潘令避名難。閒庭自積迎年雪，納手猶憑望遠欄。向晚薰籠知罷爇，舟中繡被正香殘。

一樽

各有離愁逐逝波，一樽先與熨雙蛾。寒閨恨少明心鏡，「非關欲照膽，祗是自明心，唐人鏡銘。」鄉物虛傳透額羅。元微之詩：「漫裹常州透額羅。」親手羹湯留客易，慰情風雪釀春多。林雅汀雁棲都穩，踏凍應無醉尉訶。

崧亭先生見示新詩有簿領堆中叢峽擁不成循吏不書生之句奉答二十八字

纔治官書便賦詩，讀書讀律費然疑。班班富教先勞訓，不是經生那得知。

崇百藥齋三集弟五

玳梁乙集戊子

春陰

春陰人病太無聊，殘雪閒庭半未消。只有素娥真耐冷，璚樓正月換單綃。

新年禮數許全刪，贏得蕭齋日日閒。稍恨題詩無寄處，草堂也自掩重關。

初春情緒似殘冬，月色燈光隔十重。急啟小窗看夕照，水雲剛上最高峰。

年年秋病最纏緜，春病心情更可憐。已是濃雲推不去，小窗又放藥爐煙。

瀟瀟雨打上元燈，徑竹簷花總可憎。欲報長娥知病緒，幾時步障撤青綾。

洞仙歌雪珠

積陰久病，祆花情雲想。都付忽忽剡溪槳。訝楊花太早，荷露誰穿，忽聽得，一片小庭緜響。　　銀河冰未泮，碾作鮫珠，不是真圓最搖盪。何許倚闌干，遮莫禁寒，也難說，置身蕭爽。試回數，東風幾時來，但記得，元宵不曾同賞。

江城子吳大令移居蕭家橋徒步可過喜而有作

兼旬孤負踏春陽，是衣香，是花香。才見江隄，幾樹柳絲黃。君正移家儂病起，攜手處，午陰長。　　小橋殘碼記蕭梁，有蕭郎，有蕭娘。中隔一株，紅杏似新妝。賺得鳳車飛不住，剛繞鬢，又窺墻。

異之寒燈課讀圖

釋家三光日月燈，其功乃可參升恒。因之志士奮然起，力挽流光去如駛。管生與我同孤貧，為述往事聲先吞。三世子子餘三人，母侍大母撫惷孫。拂拭一几無纖塵，書冊刀尺縱橫陳。朔風穿窗雪打門，孤燈焰小時欲昏。全家圍坐寒光分，紃箴不輟身先勤，或至屋角明朝曉，君姑漸迤攢頹景，病榻傳經間悽哽。此時晝短夜差長，侍疾餘閒惜俄頃。君今文行出儕輩，想見重幃心力瘁。傷心猶是舊燈檠，焚膏中有孤兒淚。吁嗟燈滅可復明，兩度風木悲難勝。歸院金蓮修史燭，不及孤壙飛流熒。我亦煢煢節母子，往事明明來眼底。乞取餘輝亦徒爾，泣告先靈兒老矣。

賦蜀鏡為宋博士同年

迎仙宮中十日飲，降旂早豎愁眉錦。可憐入草一行人，血染秦川籲太甚。繒山隨風飄作煙，金牀高坐卅五年。銅牌妖讖未足悔，太子鐘隮寧非天。此鏡依然圓不缺，猶是青城山上月。星冠霞帔望全空，鏡面如銀背如漆。短短韶華委逝波，同光一鏡又空磨。樽前試唱甘州曲，自古歡筵別淚多。

再賦蜀鏡並序

> 宋博士拓鏡銘見寄，乃即當眉對臉云云，後主以賜王承休妻嚴氏者也。前蜀之亡，論史者多歸咎秦州之幸。余以為不然。兩川天府勲儼誠鴛材，縱不能戰，豈遂不能固守？稍與相持，崇韜不誅，亦犛國郫去矣。厥後，王全斌入劍門，孟氏養土四十年，亦曾無東向發一箭者，豈非天哉？復成一詩，質之博士。

秦州十月貪狼風，君王吹陸天啟宮。岌韜才豈鍾鄧比，得國復與摧枯同。宗勲不遁弼不反，牽羊但乞須臾緩。彼軍豈特招討亡，新磨鏡亦旋無光。世修降表才偏捷，此際嘉王淚猶濕。三趙村南月一輪，照見冤魂鏡中泣。故物摩挲未化煙，綺窗人影望如仙。興朝亦有千秋鑑，周后啼糚更可憐。

三賦蜀鏡並序

> 余賦蜀鏡，以王衍之亡由於天命之不祐。觀者或非之。復成一章，以盡前篇之意。

七出菱花萬行淚，開奩髣髴香雲膩。可憐十國最先亡，興主安知乾德字。當璧何須怨兩宮，有人更擅數錢工。謂唐劉後。不聞撻婦揮冤刃，劉威碩以摑妻棄市，蜀中

故事也。較嚴氏之通，抑又甚矣。終古降王泣弛弓。謂孟昶。君不見瞿塘一戰荊南走，何至難為鍵戶守。七里亭前回鵠裝，三辰誓約還成負。探策先徵八日鐘，金牀兔死玉輪空。誰言一鑄雙鸞鏡，毀盡先朝奪命龍。

附和作　管同

黃門有妾世所歎，五通氣毬鸚鵡禪。蜀王自古多情甚，可惜春歸成杜鵑。一朵菱花承湛露，武擔石鏡相隨去。寫翠傳紅漫作銘，此中天子真無數。牆東寶此如軒銅，雲間摘辭艷且工。綠窗開奩訝明絕，盜磨曾受貪狼風。君不見潤臉呈花姿替月，一例吳家閉鸞髮。成虧人物總難論，破鏡翻全碑半碬。王承休本宦者，故起用東坡戲語。世所傳興福寺半截碑，唐宦者吳文墓碣也。其妻似從一而終者，碑美之云：「潤臉呈花，圓姿替月」，其可笑如此。

鄧廷楨

迎仙殿裏鳴虬箭，明星曉鏡勻妝面。盤龍別照一枝花，比似青城山月艷。為憶秦州出闉中，雲旗晝捲貪狼風。遙望錦官歸不得，春魂又泣杜鵑紅。後宮剩有蘼蕪妾，七尺菱花閉香篋。舞罷孤鸞一死輕，甘心去化青陵蝶。莫道興亡劇可悲，千秋流落有誰知。即今一片牆東影，曾與張郎照畫眉。王萟亭通政有《蜀宮妝鏡歌》，為張瘦銅舍人作。其詞云：「連環寓意背銘工，承恩當日來天雄。」蓋即此鏡。則於庭所藏，當是舍人故物耳。

賦南唐宮鏡並序

　　　　余藏一漆背鏡，銘云：「臨池月上，覘貌嬌來。」不知何代物也。
　　　強屬之南唐，以如博士蜀鏡，並為一詩，俟好事者和焉。

吳王一目重瞳子，金陵三見陽烏起。謂三王皆以日旁字命名。果然一事擬重華，中宮容德皇英似。自賦哀蟬絕代工，燒槽弦斷月輪空。香階劃韈民間語，情事何因到九重。無限江山悲遠眺，此時此鏡猶雙照。天上應停烏鵲橋，後主生卒皆七月七日。魂歸好傍黃陵廟。滿目興亡鏡影秋，南唐西蜀最風流。傷心他日燕山曲，又聽羈人訴別愁。

後春陰詩

冷暖商量待脫緜，病餘情緒薄陰天。一春小飲纔三度，長日相思抵十年。似為飛花圍步障，怕教明月送秋韆。閒中眠起都無定，忽訝憑闌在蜨前。

難藏幽怨是眉灣，一任銀花閉玉顏。薄霧誰知中有月，南風何意欲沈山。綠陰芳草都催暝，挑線然脂那破閒。為惜新鶯好毛羽，別裁寸楮疏緅蠻。緅蠻，鳥色。宋儒誤注鳥聲。

半似冰寒半麝溫，未分明處最消魂。懕懕午睡雲鬟重，淺淺晨妝玉鏡香。除是調弦堪對語，本來破粉易成。痕端憂彤盡生花，管那得劉郎與細論。海樹詩：「畫雨畫晴都不似，最難著筆是春陰。」

纔見朝暉上蠣牆，片雲過處又昏黃。閒開研匣書殘墨，擻捲簾波放篆香。花葉寄將前夜夢，柳緜改盡去年狂。如何一賦湔裙雨，前賦春陰乃記初春情事。引得春愁爾許長。

附和作　管繩萊

柳緜飄後又桐緜，似夢如愁二月天。錯落星辰非昨夜，分飛勞燕各經年。空將酒琖酬初七，欲祝花鈴護大千。怪道蒼苔侵履跡，一春長倚玉欄前。

曲彔橋南路幾彎，相思不見損朱顏。乍教隱見窺纖月，難把歡啼畫遠山。芳草有情同黯淡，落花無語自蕭閒。曉來聽取流鶯囀，裁作新詩字字蠻。

卸衣嫌冷著衣溫，斷盡春魂斷別魂。桃葉渡江商去住，繡衾壓夢失朝昏。盡容明鏡偷眉語，莫遣香泥污襪痕。梅子青圓海棠瘦，流光霑濕不堪論。

離懷渺渺限紅牆，粉漬盈盈染褪黃。惆悵花枝常帶淚，絪縕簾幙似聞香。湔裙挑菜都違約，浪蝶游蜂也戒狂。誰識班騅門外路，東風吹恨極天長。

聰應

春情誰與致纏緜，耐盡輕陰夢雨天。病起看花常薄暮，愁中度日似經年。清輝屈指過三五，濁酒何心擲十千。一步閒庭芳草地，更無人影到闌前。

賸有空明水一彎，衰桃顧影惜朱顏。本來寶髻團香霧，長見修眉蹙遠山。殘照偶從雅背現，孤吟除伴鳥聲閒。自驚帶緩知腰瘦，反向人呼作小蠻。

朝來擁被戀餘溫，欲斷迴腸先斷魂。沉睡乍醒還似夢，峭寒晏起易成昏。盡容簾底留香篆，嬾向臺邊拭鏡痕。花事闌珊人別久，重重幽恨那堪論。

數株垂柳拂疏牆，半欲飄緜半嫩黃。飛燕依然尋舊壘，游蜂何處覓殘香。經旬屢改登山約，一病全除倚酒狂。硯匣不開鑪炭冷，知他閒晝為誰長。

自題春陰詩後次叔安韻

金猊煙重鏡光沈，耐得春歸是積陰。此日逢君宜戴笠，中宵聽雨定孤衾。調琴總覺麼弦緩，欹枕方知畫閣深。只我自驚花骨豔，怕教鸚鵡學新吟

龍眠山水漲春波，風急天低奈別何。情到不勝思入道，詩無確詁易傳訛。桃花過眼成陰早，湘竹全身漬淚多。偏是江村新豆熟，樽前仿髴見修蛾。

有悼

獨客殘春愴舊游，蓮池相見正清秋。此時攬鏡猶濃鬢，多負裁牋許狀頭。弱腕自留千世蹟，顰眉端合一生愁。如何病榻都無分，海燕驚飛出畫樓。

坿鶴棲鸞事有無，雲英一傳竟全誣。手揮故相局禪闥，心許狂奴慟酒壚。粉本尚餘仙蝶在，瑤田從此國香蕪。何人酬得憐才淚，慙愧江東孫伯符。

送錢公子符祚攜高夫人省親豫章用春陰詩韻

人尚披裘柳脫緜，江城春盡君以立夏前一日抵皖。峭涼天。客中良晤貪微雨，眼底清才此少年。招手濃雲真尺五，驚心征路慣三千。遙知薄宦愁眉展，尊君官峽江丞，貧甚。玉樹瑤環慰膝前。

江亭風景似雲灣，暫借離觴照玉顏。入檻波光中婦鏡，當窗眉黛小姑山。刀鐶別緒三年久，閨閣遊蹤一月閒。試仿代吟銀燭例，竟揮纖管頌平蠻。君方擬作回疆凱哥。

十年猶戀嫁衣溫，壻自歡顏婦斷魂。草草啼妝籠曉霧，朝朝晏起易黃昏。卷中南浦新詩句，里中親故送行詩成峽。袖上西洲舊淚痕。羯末封胡零落盡，外家往事與誰論。

息陰咎氏齋名。庭院舊苔墻，記得辭家木葉黃。余別里門在乙卯十月。老我寒氈辜相宅，有人畫省尚含香。謂閨岑郎中。隨身無復中郎籍，坦腹猶傳逸少狂。女慧男蚩增悵惘，臨岐何止別愁長。

附錄次韻之作　高蘭畹青

細草平蕪綠漲緜，長江新漲欲浮天。人間春好惟今夕，客裏詩來憶去年。數到番風剛廿四，怕聞征路說三千。煙波即此成偕隱，家具無多盡眼前。

片雲不掩月痕彎，纔見遙天放霽顏。差喜遠行攜骨肉，願流歸夢到家山。雨絲應共三春盡，花事何曾一日閒。那得鄉音頻入耳，生憎檐燕語聲蠻。

薰籠猶自戀餘溫，回首深閨欲斷魂。話到離愁言轉少，流多清淚眼常昏。便浮

大白渾難遣，倘覓殘紅尚有痕。試問玉壺能買否，千金一刻共誰論。

漠漠濃雲接荔牆，江亭斜照近昏黃。也知人影新來瘦，自惜羅衣舊染香。對此已攤終日睡，倩誰頻戒少年狂。遙憐阿母無聊坐，憶女情隨夏景長。

謝張五若恒餉宜興茶壺

鄉物煩君手自持，蜀山剛過焙茶時。十年夢繞東西汜，一座分斟深淺卮。響竹噴壺消夏具，疏簾清簟故園思。買田共有平生約，愁讀坡翁試院詩。

答孝逸次來韻

饑來驅汝作粗官，僻地還如鄉塾看殘。客漫勞乘興訪，貲郎敢說宦情闌。閒鷗有性馴非易，芳草銷香事更難。苦憶宣南坊畔住，君留夜飲我朝餐。

入夏半月久雨峭寒再次叔安韻

濛濛庭院鳥聲沈，不共春歸是綠陰。塵篋久忘前棄扇，燭房催展合歡衾。搴來香草詩懷綺，坐近羅襦酒味深。可許明朝同早起，濃煙破處一蟬吟。

方塘半畝足煙波，根觸鄉心奈遠何。逆水一帆仍易別，_{謂錢小南。}逢庚兩度又成訛。月中搗藥仙娥病，天上投壺玉女多。_{連夕見電光。}差喜田家唱隨好，眼看新麥有飛蛾。

放晴三次叔安韻

飛光亦自感升沉，破曉全開一逕陰。玉版商量消夏課，鈿牀重疊鬥寒衾。退縠愈覺腰圍小，漾綺遙憐樹色深。準擬今宵邀對月，可容移坐聽微吟。

親手烏絲界衍波，燕臺詩意定如何。孤花隱草誰曾見，逐鳥還巢恐易訛。夏雨翻愁甘澤少，楚天從古怨思多。小園纔許經行遍，笑比身輕出繭蛾。

叔安見要不作七言律詩三日而僕先背約四疊前韻告之因請弛禁

無復纖毫比綠沈，漫勞黃絹記碑陰。偶裁短詠供書簏，易得成篇便擁衾。老杜我猶嫌瘦硬，太玄〔註1〕人已薄艱深。何如呼取閒鶯燕，來聽先生倚檻吟。

一尺軍持千頃波，廣長其奈鈍根何。璚樓素月明明在，錦瑟華年字字訛。箋注紛挐經學誤，畫圖省識美人多。粗才任詡如椽筆，不值張郎寫翠蛾。

〔註1〕「玄」，底本作「元」。

附詩　陳方瀾

碧城芳訊怨浮沉，望裏璚華隔夕陰。誰見抽刀能斷水，本來織錦合裁衾。遊蹤似夢頻頻換，愁緒如雲旋旋深。手展瑤箋三百幅，粉奩脂盝又重吟。

日影微姱照簟波，可無佳句擬陰何。鴛鴦繡易翻新樣，蝌蚪書難訂舊訛。早讀方言吳語慣，從嗤今樂鄭聲多。試看七寶江郎管，會引仙人五色蛾。

復雨五疊前韻

開簾失訝遠山沈，迎得朝陽又夕陰。盡耐薄寒憐畫檻，抵催殘醉惱香衾。扇紈灑墨分肥瘦，弓屧沾泥驗淺深。依舊筍輿留不住，悔將絮語換清吟。

一盼分明剪月波，河源隔座奈伊何。裁箋漬淚痕猶濕，中酒懷人事半訛。道是洗車秋太早，為誰飄瓦夜偏多。此時愁殺單棲蜨，那及尊前赴燭蛾。

仙源

道是仙源定耐尋，垂簾未覺畫堂深。纖羅何計能藏豔，一帶由來不結心。湘竹千條紅雨重，博山雙縷紫霞沈。冰弦私語聽來慣，乍遣東陽悔苦吟。

觸事有感簡伯厚叔安

霜華吹空玉輪滑，陽烏啞啞倏排闥。西池桃實今幾回，太峚嵯峨見華髮。瑤林瓊樹輝青春，金旋石轉碾作塵。蒼浪主人自不惜，那有凡淚澆仙根。一鏡團團蟾魄小，餘光不照傾城老。可憐歡向掌中銷，猶勝飛蛾抱香槁。齊紈八筴秋聲警，燒燭塗妝還對影。欹鸞壓鳳怨東風，未遣嘵鶯喚教醒。

花月小游仙

素娥手疏奏明光，生縛妖蟇獻紫皇。四萬八千修月戶，論功齊換白霓裳。

花王奉敕踐蘭唐，蕙翦桃弧集眾芳。預請瑤池行大饗，蜂輪匡蜜蜨輸香。

雞犬何曾拔宅昇，司香餘慶錄雲仍。桂華畢竟還丹在，種到瑤天第七層。

句漏丹砂幾許存，笑他乞令太紛紛。都教管領霜風去，五萬秋花正夕曛。

待來不來曲

閒庭竚月停素琴，待君不來月已沈。君來即是天上月，秋水開奩訝明絕。只恐鐙前豔質銷，博山分暖團香雪。煙鬟半嚲春衫短，昨夜一尊歸思緩。定知無意

踏金蓮，直遺相思試銀管。蠑螈珍重守秦宮，未解懷中勝眼中。但教明日珠簾下，驗取羅巾玉筯紅。

東飛伯勞曲

東飛伯勞西飛燕，鬱儀結璘不相見。當時密誓指秋河，那信人間有冰霰。恩怨紛紛雜瞋喜，蘭蠱偏能抱香死。蟫魚壽命復幾何，三食神仙豈堪俟。鬢絲易縞機絲緇，羨君望君君不知。若使相逢通一笑，赤熛元冥俱愆期。齊紈燕玉芳心警，一栖且駐須臾景。大椿閱世爾許長，宿鳳棲雅誰記省。

浣溪紗

隔院薔薇送折枝，薄寒天氣亂頭時。醉來情緒耐尋思。　　夜雨頻教偎繡被，曉風只解縐羅衣。妝成長自下樓遲。

詠壽字香合和叔安

小夢游仙夜，清齋繡佛晨。重簾深不捲，中有染香人。錦幄垂垂臥辟邪，曉風吹斷博山霞。別鑴玉筯團欒字，放出金枝頃刻花。西池霜冷眉痕皺，那及寶王無量壽。百轉千回續命絲，為誰繫住蓮華漏。歲歲樽前樂未央，年年鏡裏減容光。直教銷盡星星火，纔識相思寸寸腸。剪取盤螭六曲屏，連環私印語丁寧。願將枕畔長生誓，訴與天邊南極星。

詠芙蓉汗衫和叔安

樓外深深簾不捲，樓頭那放湘波展。削月籠煙一尺腰，鶯綵雙扣流蘇短。百轉千回結網絲，此時真許看西施。守宮點臂紅猶漬，麼鳳銜花驕不飛。春風送盡閒桃李，橫塘隱隱輕雷起。剩有秋江自浣紗，鏡中人影羞紈綺。冰肌漫說清無汗，合歡怕見團團扇。良會偏同霧縠疎，當風不共雲鬟亂。簫局新停百和薰，休教搗麝便成塵。瑤池舊侶勞相待，還我平生蓮葉巾。

繭虎和彭城君

山君心性太纏緜，攬鏡能增鬢影妍。縛急盡教牽一髮，臥來可尚記三眠。幾人曾試援抱手，笑我猶資寫韻錢。何日種桑連十畝，互斟蒲酒祝長年。

柬伯厚

鍵戶又聽三日雨，下簾如隔一山雲。閒中悃悃誰能會，局外詹詹我欲云。打鴨

驚鴛空咄咄，乞漿得酒正紛紛。知君夜夢迎恩閣，里中觀競渡處。翠羽金支耀夕曛。

角黍

全身著綠蓑，緘愁寄汨羅。休疑洛川上，微步見凌波。

蒲劍

削蒲製為劍，劍弱不堪擊。君試持作鞭，何如棒五色。

唐秀才容漏湖漁隱圖

漏湖煙景最宜秋，客裏披圖愴釣遊。多謝荊南山一角，年年天際望歸舟。

先人墨妙軼香光，先君書出入平原華亭間，流傳甚少，聞君家藏有數幀。深感紗籠尺幅藏。今日天涯同話舊，居然一度抵還鄉。

語蚊

誰與麼麼借羽翰，破人清夢妒加飡。擻教一飽飛焉往，若解三緘跡更難。雜水傍徨攘皓腕，謝孃辛苦撲輕紈。紗廚竹簟成吾嬾，留汝聊同警枕看。

為張太和文鳳題畫

知是天台是武陵，重來門徑總無憑。仙雲只似琉璃薄，隔住人天界一層。

煙雨冥濛正釀春，溪萍隄草一番新。未知畫舫遊何處，隱隱風帆不見人。

黔山嵂崒接滇山，千疊晴雲擁翠鬟。料得山深雲盡處，猿吟鶴唳望君還。

修竹吾廬別十年，客中相見畫中憐。秋潭不肯出山去，長照湘妃鬢影妍。

虞山楓葉最知名，讀畫無端別恨生。何日吳江浮短櫂，夕陽紅處酒旗橫。

僧歸蕭寺鶴歸巢，一望雲天正沈寥。獨有孤山林處士，扶笻行過段家橋。

答桂五博士超萬次來韻

浮生有聚能無散，深淺相思我自知。一度河梁成舊雨，全收江草入新詩。昏猶掃葉呼燈早，起便更衣見客遲。近狀只斯君可慰，縱譚或在聽秋時。

臺城路蛛絲

春蠶剛逐仙蛾化，無端又抽愁縷。低趁簾紋，斜牽柳線，都是箇儂情緒。辛勤機杼。問網得殘花，可留春住。一角斜陽，怪伊偏在斷腸處。　　年時曲闌共

倚，有鬢雲低亞，黏上輕絮。芳砌落深，閒窗病起，訝許荒涼庭宇。拚教延佇。便數徧冰絲，胥將飛雨。誰似天孫，耐年年別苦。

附和作　鄧廷楨

鍼樓未乞天孫巧，柔絲早盤千縷。斗月將圓，篩風欲破，曾是舊纏縣處。依稀網戶。問底事勾留，恁般傾吐。弄影墻東，珠塵的皪綴清露。　　誰家吹臺舞榭，寂寥金粉地，牽惹愁緒。遠借罘罳，斜連絡索，滿眼淒涼今古。蜂縈蝶誤。更相對青蟲，綠陰鄰樹。待喚花奴，帚叉親付與。

哭程上舍德豫

濚湖幾度愴離群，帆影蒼茫竚夕曛。豈為學成慳汝壽，更誰年少定吾文。斷斷護法揮神杵，草草歸喪託練裙。君客死吾州，婦歿子殤，一妾守志，護柩歸婺源。料得祝予千點淚，北江秋漲欲連雲。謂君師吳君仲倫。

對月

樓高院小月來遲，對月常於臥起時。屈指西風又愁絕，此情惟有玉繩知。

臺城路憶蝶

一春花事都成恨，忽忽看伊飛去。薜荔墻低，蘼蕪路遠，去也何曾回顧。風淒月苦。正多病房櫳，驚秋情緒。似此天涯，經年真在夢中住。　　偏是花房無恙，記頻窺傅粉，親繫金縷。試更憑闌，分明聽得，扇底喁喁私語。鶯招燕妬。怕蛛網牽絲，棲香還誤。若待歸來，趁仙裙未故。

長亭怨慢偕張魯岡大令置酒江亭餞於庭北上於庭有詞繼聲為別

剛贏得，離懷同訴。又聽尊前，鈿箏移柱。細數春遊，落花清淚總如雨。閱人多矣，瞔不到，長亭樹。樹若不關情，爭慣把，征帆留住。　　君去。問銅弦激楚，可稱翠帷私語。哥裙舞扇，知多少，少年題句。千萬記，尺五城南，休重踏，探春前路。怕忍俊周郎，偏值新聲微誤。

附元作　宋翔鳳

已贏得，清愁空訴。倒了金尊，更停弦柱。細數重逢，幾番斜日幾番雨。眼中人遠，波萬疊，雲千樹。小立試恩恩，被一岸，疏楊留住。　　臨去。憶前塵

似夢，不獨青山無語。孤懷縱在，祢各積，斷篇零句。為後夜，定起相思，肯自說，歸期頻誤。怕過盡江風，難記年年江路。

賦新月和伯厚

珍重清光點素秋，天涯隨處飽離愁。為誰耐盡連宵雨，住我曾無近水樓。鏡裏雙眉猶待畫，樽前半臂已全收。輸君涼夜吟懷好，手疊簾波付玉鈎。

附元作　楊大墉

前度清光似此不，蛾眉生小易驚秋。行人繫纜應回睇，旅館呼燈忽舉頭。圓夜可能明鏡檻，落時猶記傍簾鈎。醉來試唱迴風曲，莫放金波匝地流。

作書寄舍姪客至未竟所言漫題一絕句

留太無聊去亦慵，人疑心性底從容。吳儂生小江船住，只解閒眠待轉風。

題憶山堂詩

朋舊編詩次弟成，如君何必以詩名。略留情緒傳千古，已恐亭林畏後生。

題香蘇山館詩

江右三家出最遲，秋鐙根觸對牀時。才人老去能莊語，忽憶一篇集外詩。

送韓三舍人玫旋里

二十七年同榜客，見面茫然不相識。君訝沈郎腰轉瘦，我驚潘令頭先白。人生上壽纔百年，去日如何不可惜。漫將陸海匹韓潮，福慧分塗各自豪。怪君不肯長安住，鳳池一擲比鴻毛。仲華持節江鄉好，畫錦歸來人未老。嶰筠中丞，故壽州人。若論富貴兼文章，玉臺猶恨修文早。謂直卿侍郎。我生夙負傷離債，臨歧慣漬征塵淚。賣賦輸殘司馬貲，捲簾看厭龍眼翠。與君相遇皖江濱，一種羈棲託故人。即今移席家園近，觸我經秋歸思真。環滁山色知名久，何日從君乞樽酒。一枝折贈最魂消，不是春初大隄柳。

趙公子焜自里中來攜示尊甫味辛先生辛巳歲見寄手書云疾作不及發械封未啟楮墨如新泫然有作

先人罷官歸，實啟宏獎風。於公雖父執，文讌偕雍容。我時方垂髫，侍立習敬恭。先人指我言，屬君發其蒙。語次色慘澹，隱然託孤童。感公念久要，厚意

輸重重。秘籍假秦漢，精膜兼魚熊。愈我憂幽疾，澆我塊磊胸。旬日間良晤，折簡趨羸僮。郎君辱兄事，接翼聯蜚鴻。嗟哉三世交，何必蘿與松。_{余年十四聘室楊氏殤，君將為第四女相攸，太孺人以年命不合，甚感其意而未果。}

猗歟恭毅公，令德足訓代。承哉君子澤，昌祚此云逮。十一解聲韻，十三諳體裁。十五登詞壇，便已主槃敦。結交多老蒼，縞紵折行輩。身短心益雄，業進意彌退。衰年抱貞疾，兢兢守三戒。如水弗染塵，如玉絕纖纇。豈止文律嚴，塗改不厭再。少年尚通脫，觀法庶懲懈。公言自撝謙，我聽即良誨。感舊思儀型，循循發顏唶。

人言我與公，事事如樅鑣。征衫多酒痕，藥爐無斷煙。晨客遲更衣，秋衾促裝緜。五女字卻盜，一第嬉登天。凡茲類公處，貌似非神全。貞操在廉介，孤行絕攀援。戇直無所悔，顛頓乃益堅。寧非前車鑒，我獨心慕焉。公毋望我達，_{書中言鄉先達欲舉繼輅特科。}我欲偕公傳。公今不可作，大懼積咎愆。非徒知音逝，悽然撫朱弦。

張惲_{臬文子居}。惜早逝，蒙始習銘章。公見大激賞，謂繼韓歐陽。二公非可幾，公譽詎敢當。但期遠郢倍，近附歸與方。前公棄館舍，值我羈殊鄉。郎君以書來，墓石徵琳琅。我思報知己，中宵起傍徨。文成頗肖公，儼然須眉蒼。逮葬不果用，厥故訖未詳。信知官職卑，曷發泉下光。我文自有副，安保傳世長。元堂一以閟，毀譽兩茫茫。

聞方植之重赴廬州講院因寄院中生徒

人實重科目，科目豈重人。猗嗟方夫子，身賤道自尊。力行守伊雒，摛藻追周秦。挾此應舉察，飄陸隨輕塵。誠知無加損，於彼如浮雲。所惜求賢朝，久閟席上珍。以之置史館，是能讀典墳。以之列臺諫，是能別蕕薰。譬草有屈軼，在天為慶雲。蹉跎年五十，忠悃不得信。我別汝曹久，曷驗怠與勤。進詣定何似，懷思難具陳。幸哉得良師，志氣當益振。努力從修塗，慰我期望殷。

賦得安得廣廈千萬間

浣花溪畔屋，庭草未全刪。但有詩千首，何來廈萬間。居然開幸舍，毋乃幻神山。墨海群鴻起，書城百雉環。德星成久聚，今雨各忘還。奢願他年事，安居此夜慳。不如營紙閣，著意護雲鬟。鵁鵝喧聲寂，秋宵早閉關。

題洞簫樓詩紀

一種傷春惜別情，寒蟬那得噤無聲。笑他才子誇聞道，誤把常譚乞老生。

漫說微詞宋玉多，經生其奈豔情何。我曾上界繙刑律，綺語纔投織女梭。

偶題

冰天躍馬能盤硬，吳苑雙蛾只餉愁。忽報明駝馳騎到，戰袍一脫便梳頭。

璿宮雲錦織初成，勅選縫人上玉庭。親聽天孫頒內式，去單留復語丁嚀。

盡日揮殘十樣箋，盡彈清淚漬松煙。詩中有畫非雲樹，幅幅真容弟一仙。

杜詩韓筆定何如，各有情懷各自書。待得滿堂銀燭暗，教君看取夜光珠。

題張大汝璿春湖載酒圖

西塞山，笠澤湖，與君家世皆釣徒。柳陰斜日快一醉，況有蘭陵之酒松江鱸。無端西征事戎幕，嘉峪關前夜鳴檠。糾軍老去習蠻語，苦憶嫩隅縱深堅。攜家我亦走濡須，十載牽舟岸上居。相逢共說還鄉樂，寄意聊成載酒圖。大蜀蒼茫接天柱，望見連蜷招隱樹。四鼎神丹次弟成，建安才子尋常遇。謂吳博士鳴鏞、曹博士鳴鑾。瀛洲謫吏骨仍仙，吳苑詞人筆最妍。謂劉刺史耀椿、程少尹嘉樹。遲我卸帆來痛飲，為君更賦六鼇篇。

疎影 異之以陳香浦畫蕉花乞詞用白石韻

蔡鈴碎玉，問夜來聽雨，誰伴孤宿。幾日懨懨，不啟閒窗，彈章倦到臣竹。芳華忍俊經年慣，盡舀遍、花南池北。囑白陽，莫染霜豪，生性任伊幽獨。　　　長記初相見處，也曾向夢裏，折損濃綠。百疊風裳，自是人間，無此雙棲茅屋。丁香漫訂春愁侶，怕未許，訴將心曲。待六花，飛上寒枝，看取維摩橫幅。

異之病後戒茗飲用坡公蔣夔寄茶韻作詩見示別用錢安道寄茶韻戲答

異之示我詩一篇，詩思清於新焙茗。方歡茶甘留舌本，卻署止茶吾未省。豈為王濛水厄困，胡乃劉伶婦言聽。天生嘉柕滌塵濁，久與幽人浹情性。先生貌古心更閒，其文韻遠格尤正。金虀玉鱠勸一湌，俗味尚憇輸雋永。今聞戒律意轉疑，何物方供咀嚼猛。香橙纖指太嬌妔，紫蟹團臍亦犒獷。先生體弱詎此宜，反坐霜華助清冷。故交終願保歲寒，諍友我猶能骨鯁。為君尺書返陽羨，計日春風吹蜀嶺。調取梁溪第二泉，顧笑齹司小龍餅。與君劇飲破殘夢，相對雙矑

光炯炯。不煩遠道陟武夷，兼謝虛聲乞龍井。只恐茶仙倦出山，似此作合非所倖。君不見不材之木壽萬年，奚取輪囷忽生癭。

醉花陰 題紡紗士女

粗服亂頭窗下坐，玉腕看微惰。莫道不工愁，長日如年，自定春閨課。
茄簷竹閣低於舸，歸計何時果。吉貝又重開，似水簾紋，底著殘絨唾。

洞仙歌 附同作　聰應

香殘夢醒，訝鏡奩未展。軋軋機聲逐花顫。一絲絲，替誰約住柔情轉。忘卻
鬢影，春風吹亂。　　當窗獨坐處，玉捥嬌慵，知有離懷待消遣。祢巧借天
孫，織就迴文，怎能續迴腸將斷。除盼到，飛鴻報平安。纔信得，征衣塞垣
寄遠。

金縷曲 自余乞得月樵方伯所藏紡紗士女一時臨摹之本無慮數十軸輒以索題此為楊七伯厚作

簾外寒猶峭。恁恩恩，心情可是，為花起早。萬縷霜絲千回轉，耐徧雨昏風曉。
算只把，鬢雲催縞。一種閒愁渾似織，便春蠶，也逐寒蟬槁。那更乞，天孫巧。

　　浣紗溪畔閒蘋藻。盡波光，照人如鏡，翠眉未掃。畢竟開箱誰曾著，折盡
纖纖長爪。還待制，阿侯文葆。絮定奇溫休掩泣，但年年，吉貝花開好。儂自
願，閨中老。

南歌子 題折梅士女

出手寒如此，窺窗影未真。枝頭定是幾分春，等到桃花開放尚兼旬。　　點額
驚殘夢，巡簷忍翠鬟。軍持欲插又逡巡，生怕宵來冰膠損幽芬。

嶰筠中丞召飲八箴堂盛子履詩先成余次韻

秋光如畫擁江城，舊雨頻煩岸幘迎。他日便傳真幸會，隨人分受淺深觥。搴蘭
入手歡輿論，種麥關心聽屐聲。我傍龍山十年住，朝暉莫靄最分明。

寒菊曾經三徑栽，琴觴前度習趨陪。謂雲汀先生。依然欵欵平生話，各有滔滔萬
古來。霜雪未侵憂國鬢，旗常詎掩著書才。樽前涼月知人意，分照蘇臺又皖
臺。

題碧山十老圖並序

前明天順初，無錫詩人李舜明、秦景暘、陳天澤、陸懋成、高惟清、黃公福、楊叔理、陳行之、施彥清、潘繼芳結碧山吟社於惠山之麓，沈石田為之圖。十人者，都七百四十餘歲，一時傳為美譚。乾隆三十五年，鄒尚書一桂、張文恪泰開俱以耆年在告，復邀集碧山續社。於時尚書年八十七，文恪八十六，登州經歷曹之掞子通、南昌知縣華西植燕鹿俱八十九，諸生鄒捷敏揚八十七，安化知縣施禹言成允、崇明教諭顧遷子喬俱八十，中書舍人華希閔文友七十五，河間知府鄒雲城擁書七十二，布衣顧建元振川六十九，較之前社，享年又過之。而敏揚君以孫炳泰貴，累贈光祿大夫、大學士，振川君以子光旭貴，贈中憲大夫、兵備道。積善之慶，彰彰如是，是足以為勸於鄉里矣。圖藏顧氏。繼輅年十七，以詩質晴沙兵備，詫為怪才，受知為最早。而南昌、河間兩君又與先君子同鄉舉。獲觀幸甚，謹成一詩，書於左方。

花間緩緩駐斜曛，珍重詩仙此樂群。祖帳楊君先有畫，入山介子笑無文。名泉不恥溫忠武，誓墓寧煩王右軍。他日風流誰繼跡，秋高遙望八閩雲。謂平叔宮保。

題振衣千仞岡畫障為伯厚

置身忌太高，小樓試憑眺。楊生猖而狂，意氣頗騰趠。示我振衣圖，仿髴見清歡。招手來飛仙，傾耳聽真誥。素衣本未緇，特以厲貞操。我無濟勝具，久負山靈誚。雖然出塵境，跡阻夢可到。招君作臥遊，斗室聊寄傲。無為爭鷗鵬，罷風入寒峭。

小除得伯恬宣城書知小竹卿珊溘逝哭甫定適芙初兒子之官滇中持先集索序讀之竟日悲不自勝率成一詩示孝佚

有客弄柔翰，暫奪方銅章。蕭然攜樸被，就我浣花溪上之草堂。淺草丹楓十年住，溪流訝我不歸去。一夕鄉音入耳來，分明共喚三河渡。渡口翩翩幾少年，宦遊輮跡如雲煙。玉樓隨風百回倒，賦手於今誰最好。心知彼間多故人，一片寒雲隔昏曉。與君忽漫逢殊鄉，君知此樂非尋常。生離何必異死別，重泉絕塞俱蒼茫。丁生垣。前已出嘉峪，吳郎特徵。昨又馳寧羌。一燈話舊定何日，千杯

化淚未足霑君裳。江城歲暮意蕭索，更展遺編懷抱惡。篇篇聲抵夜猿哀，一半
詩題我同作。人生夭壽事偶然，身死尚冀詩能傳。詩傳那得身親見，空博千秋
身後羨。屈指詞塲數鉅公，當時比我尤貧賤。天公聞言顧我唏，擲下三尺天街
泥。金烏啞啞凍不飛，何論蹣跚蹩躠凡馬蹄，我得閉門卒讀劉郎詩。白日剪燭
今何時，今年爆竹聲亦雌。管生引滿慎勿辭，酒醒已易新幹枝。

崇百藥齋三集弟六

玉燕集己丑

李觀察宗傳海上釣鼇圖

我聞一釣連六鼇，蒼茫掩卷思盧敖。揭來讀畫拓眼界，虛堂滾滾驅洪濤。海於天地物最鉅，先生揚帆自來去。_{觀察別字海帆。}即今備兵過洞庭，直是先生洗研處。天風浪浪宿霧開，朱霞照耀金銀臺。魚龍百怪竊相語，錦袍仙人今又來。我家乃在具區側，五瀉一舟無十尺。賣魚一醉亦大難，垂老方知釣鉤直。忽從魚腹得素書，知有成連遠相憶。久住皖江鄉思真，江花江草鎮愁人。何時徑跨琴高去，手擷湘蘭持贈君。

幽蘭

空山悄無人，萬綠明朝陽。誰從淺草中，惜此竟體芳。清霜飄空作仙露，一剪湘波見微步。分明羅袂似春衫，難覓江妃入山路。瑤田勒罷琅玕貢，枉教王母呼龍種。暮雲三尺鮑家墳，自展幽魂破殘夢。歲歲尋春春已遲，生憎紅豆寄相思。人間爭擬猗蘭操，彈折冰絃知未知。

菩薩蠻雪夜為友人作

朔風向晚吹逾緊，推簾那見蜚鴻影。小閣掩深深，香溫待展衾。　　歸心留不住，抵死衝寒去。等是可憐宵，輕魂別樣消。

酒波香篆都成夢，繡衾亂疊穿花鳳。窗下四絃橫，絃絃凍作冰。　　早知來又

去，何苦留人住。敲斷玉釵聲，教伊特地驚。

又 雪曉為友人作

麻姑書札凌晨遞，鸞牋尚帶香雲膩。十萬護花鈴，鶯飛處處驚。　　驚飛郎不曉，但訝歸程早。雪色照窗櫺，窗明天未明。

一彎積素門前路，今番悟徹天涯句。身重覺情輕，忽忽別恨成。　　畫堂收步障，五見櫻桃放。耐得寫閒愁，詞源接海流。

春盡日崧亭廉使示牡丹新詠病枕次韻

春色今年孰淡濃，兼旬研匣尚塵封。裓衣無復香成雨，群玉空教花想容。聽到陽關歌幾疊，幕府諸君迭復繼聲，至七疊元韻。寄將綵筆路千重。詩箋紅染燕支透，也抵屏風一度逢。

立夏日廉使次前韻來再答

春色何如墨潘濃，又從迎夏啟緘封。詩因兼賦懷人好，花亦爭為悅己容。禪榻鬟絲窗寂寂，天涯芳草路重重。知公念我歡情減，特許匡廬一再逢。

病中聞崧亭廉使移按八閩惘然有作

轉訝今年春未闌，添衣猶自怯朝寒。無多知己更番別，畢竟殊鄉久住難。似我飄零風外絮，知人情緒月中攔。海疆先世棠陰在，恨不從公一度看。

賀新涼 午日節院分題得五字

試聽江城笛。又無端，讀騷痛飲，蒲香酒瀝。簾外暑風吹已透，偏爾琴聲悽惻。待畫出，湘流半碧。照眼湖光三萬頃，怪煙波，不許藏孤鶩。何處泛，天隨宅。

毿毿楊柳彫春色。問吟腰，年年折損，可還盈尺。老屋三間猶好在，只是雙棲未得。鎮辜負，松陰寂寂。六曲屏風留一面，見墻頭，葉葉移歸席。長命縷，證良覿。

又 午日節院分題得午字

花韻清如許。看樽前，茄牛鮝鶴，天涯重五。記得江鄉當此際，匝地清簫畫鼓。渾不解，歲時荊楚。寂寂滄波橫碧玉，只漁舟，隱隱炊煙舉。剛稱我，病情緒。

熟詳疋訓差能數。奈年年，鑄將明鏡，朱顏難駐。丁字重簾閒不捲，坐到

槐陰橫路。漫驗取，貓睛一縷。薄是朝雲涼是月，祇陽烏，幾見葵心吐。那更聽，竹間雨。《歲節記》：「午日午時雨，竹節中有神水，可治疾。」

又莧菜生日和嶰筠中丞

老圃歡無已。說朝來，紅雲低擁，園蔬生子。正是交辰懲取女，夬夬翻成莧爾。《易》：「莧陸夬夬。」虞氏訓「莧」為「悅」，讀如「莞爾而笑」之「莞」。問可有，旂鈴偕至。燕頷虎頭飛食肉，笑家風，未洗虀鹽氣。應得了，乃翁事。　　從教錯寫中書字。怕聽他，舊來俌願，桑弧蓬矢。桃未渡江梅待吉，多少愆期況味。祇婚嫁，鄉村容易。玉樹芝蘭王謝語，盼秋禾，再報添丁喜。五色雀，且休矣。

疏影竹醉日索嶰筠中丞和

風枝橫路，問共誰痛飲，沉醉如許。客裏相看，露重煙濃，黛痕猶自酸楚。無端幾點湘妃淚，又和著，浪浪踈雨。翻道伊，污損羅裳，終古歡蹤成誤。　　長記林間往事，籍伶正好在，良會頻舉。不信而今，草長花飛，重見俊遊前度。腰肢況是年年減，更禁得，宿醒新暑。趁石榴，半吐紅巾，寫與岑華仙譜。

賀新涼大端午寓舍小飲效節院分題得十五字

節比重陽展。挽流年，人間惟有，舞裳歌扇。樓閣三層臨水築，十二珠簾齊捲。休認作，元宵簫管。寶鏡胸前三覆手，便紅綃，那見蟾光滿。燈影合，莫雲亂。　　十番子弟風鬟顫。盡厭厭，消殘良夜，五更不轉。我別江鄉剛十載，試拉春蔥教祇。也不為，玉釵魂斷。曲曲屏風都倚遍，這相思，路較湘流遠。蒲酒瀝，待誰勸。

又何梅皋大令自黔中來訪話舊有作

握手渾如夢。記相逢，絳帷左側，娟娟雛鳳。二十五年彈指過，幾度春迎秋送。問鬒鬢，何關輕重。一日一回郵遞速，報頹波，正解東風凍。無計挽，流年鞚。　　聞君六載歡輿頌。喜家聲，俛喬仰梓，都成梁棟。只我一莊蕪不治，媿見年時伯仲。看萬疊，雲山浮動。一室便成三歲築，算年來，也罷西洲慟。其君語，有餘痛。

賣花聲友人洗馬圖

岵幘坐桐陰，樹影橫衿。畫圖難寫是雄心。貌出龍媒高八尺，塞上秋深。

鬖鬖最蕭森，且任霜侵。絕塵何必巒如琴。親見張翁驅蹇衛，逐得仙禽。

早晚

藥爐煙起濕雲沈，草色蓀痕一徑深。早晚寒溫誰定得，熟梅天氣女兒心。

有贈

舊夢如雲委逝波，偶然照影感蹉跎。潯陽江上琵琶語，我是重聽淚更多。

題門人趙博士對澂僧服小象

顧曲情懷客感多，知君著意翦情波。幾時驗取天花陸，入骨幽香奈爾何。
漸空結習到文辭，老我年來證辟支。卻向枯禪重話舊，擾人入定是相思。

熱甚招子濤早起

歷歷絲星帶草堂，碧天似欲起秋光。世人正作牽情夢，誰識朝涼勝晚涼。
鄉思病緒話難休，十載相於屋打頭。反覺貧家情意重，互揮紈扇換征裘。

酷暑

今年酷暑異年時，臥大薈騰坐不支。賴有故人呼即至，定菴文筆介存詩。

寄中隱大令

夜夢廖生貽我藥二丸，大如戎菽清如蘭。廖旁兩點乃瘳字，不覺歡喜加朝飧。
今年病魔太作劇，杜門百日尚爾行蹣跚。此中有鬼誤我不得至臺省，北窗跂腳
空長歎。槐陰春夢覺已久，但願登山臨水容躋攀。如何此樂亦遭忌，愁城堅築
扃重關。況值炎官逞威虐，鄭僑晉盾方交歡。寓齋羌無一竹一樹足清蔭，並乏
草色當徑蓀生垣。多情明月肯相照，蟾魄亦作烏輪看。颿師雨師各失職，雖欲
施惠嗟無權。而我盡日拳曲似牛喘，拘幽一操聲煩冤。聊因說夢遣長晝，待君
歸來和我搖柔翰。

閉門

下弟人歸貌轉豐，謂異之。笑余衰鬢太蓬鬆。閉門七度看圓月，者是山中是客中。

扶杖

瘦影顓顼夕照斜，自扶藤杖詣鄰家。不知秋晚人來晚，十月初旬見菊花。

題吳江族人靜涵策蹇圖

正是江村稻熟時，先生策蹇欲何之。回頭楓葉明鄉樹，撲面蘆花感鬢絲。未必此才堪令僕，從教折券費文辭。病餘我久無詩思，負爾溪橋踏雪期。

正月十七日小妻生子八月十四日復得一曾孫

鳳毛薑尾他年話，玉果犀錢兩度歡。猶恨三聲無紡織，合從稔歲習飢寒。里中諺：「饑與寒，小兒安。」長齡幸得名卿許，咳名添壽，嶰筠先生所命也。吉語聊聽術士謾。添壽以十六日夜子生。望江檀秀才長城云：「當以十七日推祘星盤，與儀真師同，而曾孫干支似陳秋舫。」作父太遲曾祖早，白鬚自向鏡中看。

海內朋舊喜余得子損書見賀積百許函次前韻誌感因寄南雅宮允椒堂京尹虹舫閣部

良晤已驚天外至，曾容同年。笑言如接座中歡。此時寧免桑弧想，異日應憐葛帔寒。切戒浮華名似我，也知餘慶語非謾。為公珍重留藍本，一報充閭一度看。三公望子方殷，末語聊以為祝。

荊川先生文既不自耕又不讀書屬文又不教人讀書又以病不行慶弔家庭閒話之外更無一事便當自儕閒道人不覺快絕云云讀之惘然率題三絕句

文債如埽秋葉，別淚疑通海潮。可惜大好歲月，不曾消受分豪。

天下何思何慮，老僧不見不聞。試問異床中士，何如無夢愚人。

造物逸我以病，故人不責其慵。正宜為此寂寂，無煩多遽恩恩。

讀孟塗伯溉遺集

當時心許兩奇才，恨未相逢把酒栖。孟塗、伯溉未及定交。此日大觀亭上望，伯溉，故唐兀氏。分明同踏絳雲來。孟塗葬大龍山。

禁煙時節掩雙扉，又早冰絃凍玉徽。今夜小庭春似海，萬花深處劒丸飛。

嶰筠先生舉弟五子有詩索和並柬公子爾桓爾頤

稔歲欣傳萬寶成，天風吹落鳳雛聲。此時全植燕山樹，他日高齊驃騎名。貞又起元知未艾，夜仍字叔待隨行。賓筵我亦旁生栝，珍重來看田氏荊。

夢過隨園見簡齋丈畫像尚懸小眠齋時得蘭村赴三閱月矣

人傳羅什喜吞鍼，我事先生未範金。二十八年重入夢，辛酉八月，拜公遺象於小倉山房。霜髭風竹摠蕭森。

繡葆相呼最有情，大來未改小時稱。傷心洛下分衿後，癸酉十二月，與蘭村別於洛陽。不復重聽杜宇聲。

病遺

十日冰蔬凍繡腸，恰聞人餽束脩羊。鄰姬十五工行炙，喚取琵琶勸一觴。

萬樹梅花擁畫樓，捲簾剛借月為鈎。逋翁詩句江妃笛，吹得山雲作水流。

語長心重太丁寧，佛自慈悲我倦聽。忽報九天頒秘笈，開函仍署十三經。

吳質貽我月中桂，謂鄧公子子久。服之寒谷聞春雷。明朝射獵出城去，看擊黃羊飲血來。

糸同仙客曾容同年。綠蘿裳，壽我神丹治健忘。拄腹撐腸五千卷，夜來一字一珠光。

楊郎賦性特迂緩，三月不來心念之。今日相看成快絕，解裝先讀百篇詩。時子濤留含山，實尚未至。

懸捥如風十幅成，小同篆勢逼西京。何當手校瑯嬛本，更為熙朝寫石經。

珍重相逢楚兩生，周郎伯恬。詩筆沈郎小宛。經。醉來戲續登科記，催送青蓮試玉京。

谷神生氣最微茫，隱隱鄰家爇豆香。託得兒時分一握，招呼阿買坐斜陽。

眾生食住信堪憐，咸籍分攜十一年。昨夜分明重握手，互看鬢鬚總如前。

送叔安廬州

對客初裁第一牋，傳聞書記最翩翩。趨庭說士猶前日，遲我辭家已十年。等是負薪廉吏子，依然飛雪送人天。己卯，送尊君解廬州郡。癸未，送賢兄之宣州。俱值風雪。郎君縞素添蕉萃，知有遺民泣道邊。

寄兒貞

前年送汝歸，行行別淚貫。今年送汝歸，寸寸別腸斷。雙丸故依然，光景暗中換。流年過五十，疾去若奔竄。即事多所歡，已減一日算。矧值舊疴發，禁此

百憂亂。糊閣忽畫局，獨行自開看。重疊排几榻，狼籍棄豪翰。色色推心肝，茫茫失昏旦。浮生本煙雲，誰廹置冰炭。厥誤有兩端，曰惟婚與宦。

食時風力勁，汝行已百里。未別欲行遲，既別欲行駛。婦人內夫家，留汝諒非禮。汝來舅姑戚，汝去舅姑喜。舅姑亦有女，家貧復多子。不得常歸寧，望衡亦徒爾。嗟哉女子身，歡笑日有幾。

空庭獨徘徊，新月又窺樹。約略計前塗，知汝泊舟處。母裹日以遠，父疾復未愈。寒鴉各歸巢，落葉正橫路。汝性不飲酒，何用遣愁緒。忍心耐初程，承顏憶前度。訴月月不聞，悽然掩雙戶。

非汝舍我去，我行自淹留。士衡三間屋，欲贖豈易謀。嗟哉銜蘆鳥，負此下水舟。累汝勤省侍，不敢憚阻修。東歸西又怨，南歌北其憂。動足輒千里，弱女乃壯遊。吾衰何足道，恐汝鬢影秋。

送汝不能遠，我病久杜門。汝行還入閨，汝母拭淚痕。竈妾及乳媼，相顧皆聲吞。有婢年最小，禱天嘖有云。願阻十日風，雨雪復浹旬。仍回共歲暮，歸期待來春。我聞為破涕，驗汝慈惠真。因揣汝來時，汝家亦紛紜。汝亦不忍別，反顧何頻頻。何以勸壻學，何以答姑恩。明年迎汝至，一一為我陳。

朝湌為汝加，夕飲為汝醉。自然消憂愁，何止工應對。汝今不侍側，歸也欲誰對。絡秀剪長繁，循例一尊待。抱兒教呼爺，意可女兄代。詎彼亦傷離，顧盼妹安在。推案不復飲，遠屋但頻嘅。醒眼聽嚴更，無因得成寐。

唐小迦示印子金拓本文曰劉主相傳為淮南王安燒丹所遺今淮水中往往有之

道書我嬾披鴻烈，國姓差堪補說文。先是鐵錐誠快絕，豈知復有辟陽孫。

富貴神仙盡劫灰，恩恩兵解亦堪哀。遺金若遇劉文叔，早為東京作讖來。

今聽雨齋雨坐時兌貞解纜五日矣

經秋枉署小齋名，五月何曾聽雨聲。今夜雨偏聽不得，有人江畔一舟橫。

黯黯寒燈獨飲餘，瀟瀟暮雨泊船初。可憐一種離人淚，汝為思親我不如。

寒甚懷兌貞十一月十五日

寒意誰先覺，先應到客舟。陰連前夜雨，敝憶十年裘。荒驛柝聲斷，沿江漁火收。長娥知別苦，瞞過月當頭。

即事示聰應

典裘買米尋常事，且辦朝饔耐乍寒。我自病餘還恃粥，<small>時苦肝木乘脾，啜粥五十日矣。</small>姑聞婦至已加餐。<small>是日得懷屺書，云室人知君孚且至，宿疴頓愈。</small>故鄉望雨知何似，廉吏分金亦大難。<small>時馳書告急於方饒州，尚未得報。</small>記得一囊歸思急，江天風雪正漫漫。

紀事為管含山繩萊

狼嚙小兒體已殘，小兒爺孃啼向官。官下肩輿撫兒泣，為兒復讐索狼急。狼穴安在役不知，狼不就擒官則思。抽毫展牘書有詞，呼吏焚致城隍祠。祠神稱職殊可喜，翼日喧傳獲狼矣。神人響應捷若斯，官若貪暴神知之。君不見一狼衣冠堂上坐，堂下群狼搖尾過。

悼蔣沛畬戶部

前年至京師，君先枉車騎。翩翩宰相子，謙抑斂英氣。云自弱冠來，已積十年思。甫從博陵廚，<small>君為吳巢松侍講女壻。</small>得見士衡制。我雖慙虛聲，竊已感古誼。因之不自外，邸第時一詣。玉樹非一株，同心挈予季。<small>濂生員外。</small>丁卯本舊交，眉山亦新契。<small>時許玉年大令、蘇賓嵋庶常並客邸第。</small>譚深訝日短，寒月破晚霽。疾驅宣武門，劣及一扇閉。初但驚君才，久乃見君志。窺君一往情，求友特其次。使相初還朝，勛德冠一世。休休若已有，汲汲以人事。朝聞一士賢，莫輒夾袋記。凡公所祓濯，大半公輔器。或外膺封圻，或內陟卿貳。吾鄉李鳳臺，<small>兆洛。</small>林壑早頹廢。公頻顧我歎，能勸出山未。區區下邑宰，倦倦不輕置。方知一個臣，為國抱深計。平津安足言，平原亦非例。猗哉賢公子，能體相公意。似我樗櫟材，亦恐失交臂。春風吹歸輪，瓊樓望天際。重把北海樽，幾陸岐路涕。雖然一二年，繼見亦尚易。何圖成永訣，倏共白雲逝。豈真玉樓成，賦手選瓖麗。不然王子喬，薦作香案吏。君方任家督，亦既與廷議。未聞捐君親，神仙逐遊戲。為善無長年，懲勸毋迺替。惘惘誠私情，侃侃實公義。天高不可問，此惑抱非細。因風寄一篇，開緘泣難弟。

憶兒貞

小閣文窗日日局，裁箋放筆總無聲。宵來看月窗前過，錯喚雛鬟送短檠。

索啟閒門拂鏡臺，休教糚閣著纖埃。疎簾響竹都如舊，待爾明年消夏來。

病齒今年劇往年，朝妨饘粥夜妨眠。轉疑天與閒消遣，無病心情更可憐。

古渡雲灣噪暮雅，計程今日可還家。不應更灑思親淚，耐取迎門笑語譁。

承歡亦許規親過，勸學何妨聽婦言。惆悵兒曹都習惰，無心仍設祭詩筵。今年子濤、聰應詩文俱甚少。

幅幅鄉思畫筆工，雲溪煙景最冥濛。而今嬌女溪頭住，更展橫圖著小篷。

香山婢子解懷人，昔昔鐙前拭淚頻。一角闌干寒月色，隔江離緒照來真。

乍看飛雪點疎林，可惜階前積不深。玉戲未成人倦臥，撒鹽亦已罷聯吟。

孔浮淇膩總喧囂，蔣訒填詞冠本朝。記得夜吟清絕處，花香露氣一時飄。

病裏頤仍研北支，別來日日有新詩。幽思苦緒無人會，自抱貍奴說與知。

徐博士芬輓辭六十韻

我年十五初識君，面若傅粉硃塗脣。方結吟社雲溪濱，錢司訓蓼雲。徐別駕準宜。呂贈君彙吉。趙郡守學轍。俱嶙峋。差肩近接洪黃孫，謂稚存、仲則、淵如三丈。我懷欲吐行逡巡。孤露獨學未有聞，或如威鳳如祥麐。公等高視寧與群，君從元亭先師隨安先生。見我文，詫我才筆排天根。驚采絕豔舍悽君，不知何人彼前身。庶章雲李王伊人，當時君語先師如此。凌晨徒步來敏門。折簡出袖錦字勻，上書曾祖父母昆。科第仕宦並歿存，下書名字妻子均。再拜肅立口有云，願師僑札懲張陳。我懃為兄君勿瞋，乘車戴笠詞諄諄。我時感君氣誼真，白母留客村醙醇。母出屏後聽講論，此客近迂非惡賓。翼日命我答拜勤，從茲交道通燕秦。優龍劣虎爭玢璘，我重隗始意轉親。中復同客明湖湣，狂哥痛飲連冬春。孤山喚起梅花魂，芳草醉藉真孃墳。一篇哀誄感鬼神，君祭畢宮保文，尤為一時傳誦。君時才名亦益振。羲娥日夕駕兩輪，四十年事如飛塵。綠鬢訝此霜華新，一官待次猶邅迍。窮老客寄皖江雲，傭書束縛桂作薪。右臂斷折雙瞳昏，終日伏案眉不伸。疽發於背方吟呻，勸歸剛及撤瑟辰。差勝旅殯彭城闉，遺詩卷帙半未分。君有快壻亞右軍，楊七大壻。當能決澤玉與璘，光氣不至長霾堙。君隨兩兄郡守太榕、州牧書受。朝玉宸，校勘仙籍需才殷。似君詳覈真其倫，填胸塊磊銷輪囷。人間擾擾多苦辛，切勿再渡銀河津。我詩不藉卅六鱗，因風飄然達九閽。

家鐵山翁懷橘思親畫軸翁孫靜涵索題

吾家公紀荀虞儔，惜哉遺書不可求。百五十事姚氏本，片羽未足窺全裘。世儒墨守朱本義，日月寧知有變例。名氏翻教婦孺傳，豔說童年懷橘事。鐵山翁，公末孫，至性不媿偏將軍，寫生傅色亦絕倫。家貧豈得儕千戶，負米年年客江

浦。貟果曾枝一斷腸，思親心比湘纍苦。移傍金蕙繪作圖，生綃猶見淚痕無。小同但覺楩經好，那識龍陽有木奴。我別鄉關逾十載，朱顏暗逐霜橙改。楚頌名亭願尚虛，忘憂樹背今安在。風雪江城起暮寒，黃柑丹橘正堆盤。攜將廉守歸舟石，便作殘年畫像看。

雨夜

辛苦園蔬抱甕澆，經旬重見雨珠跳。沉沉虛室疑臨水，隱隱空江已長潮。銀雁膏殘留小炷，金猊香潤耐深宵。清娛也喜禁寒坐，待到閒庭絮影飄。

夢薲舲枕上口占

新銜猶未換條冰，君以史館提調記名知府三年矣。握手翻教別恨增。日下漸稀同志友，時沛畬、申受溘逝，梅梁、樹珊、蘭雪諸子先後改外。人間真有在家僧。君官翰林十年，不攜眷屬。同人過訪，皆直入臥內。十年過夏風前淚，一粟聽秋枕畔燈。往事依稀都似夢，不須苦惜夢無憑。

柳州十八字石刻拓本伯厚索題

循吏廟食禮所宜，羅池片石吾無譏。此刻草書十八字，特為蠻鄉逐疵癘。柔毫三寸挾風霜，足配韓文鱷魚避。楊生重是唐人書，珍賞不減歐褚虞。暇時示我索題句，因感往事相嗟籲。順宗病瘖不聽政，王叔文伾竊國柄。陽山之貶正此時，乃於劉柳信不疑。居今論古易為斷，豈有身受無聞知。投荒尚請柳易播，寧肯附和為姦欺。從來宵小畏清議，例引名士張藩籬。餘財曾未污文若，九錫安能強穆之。書生懷才急自見，究異好爵堪覊縻。逐臣萬里懷天闕，瘴雲匝地埋冤魄。曲宥猶能活蝮蛇，去思無怪孚蠻貊。先人當日守退陂，珍重歸裝一紙收。即今碑已殘三字，「龍城柳」「龍」字，「神所守」「所」字，「制九醜」「九」字，俱已闕。金石依然不久留。迂生軒輊爭韓柳，誰識瑰辭如一手。若以離騷繼國風，河東似出昌黎右。底無年命比元劉，鑄鼎燃犀百怪讐。亦有賜環身未及，為君掩卷泣忠州。

題伯厚前配史夫人倚竹圖並示公子穎孫

卻扇詞成字字新，當時喜爾配詩人。青廬只我披帷坐，元是崔盧中表親。
頻年遊客意辛酸，作婦貧家事事難。今日豐容遺掛在，幾曾袖薄怨天寒。
賣珠亦是豪門事，廉吏家風珠也無。說與他年寇萊國，休教蠟淚滿氍毹。

倦遊篇為李三復來題畫

心陔示我倦遊圖，囑我試作倦遊詩。倦遊意緒我最知，景色枨觸難為辭。孤寒
分作依人鳥，若論辭家比君早。江流百折礙千盤，催客登程怨春草。劍閣連雲
鄉夢斷，若較遊輈君更遠。玉壘繞看幾疊青，征衣已自三番浣。下第情懷乞米
箋，長安小住又經年。天橋濁酒邀同醉，雨館孤檠憶對眠。床頭金盡愁無奈，
此時家在青天外。取道商量水陸難，從行辛苦僅奴尯。楊上青氈坐欲溫，江干
片席仍相待。何止津梁古佛疲，難禁岐路仙真淚。銜蘆元是戀巢禽，一寸沉吟
去住心。風雪歸塗濱歲莫，關山離恨逐年深。揭來久客皖江潯，攜家差勝孤征
苦。漫說揚州月二分，知君未是樊川杜。周郎濟。畫筆軼三王，為寫生綃託興
長。飄蕭鬢鬖中年後，凌亂琴書大道旁。畫餅聲名徒嚇鼠，駢枝官職罷分羊。
與君各有蓬蒿宅，陳渡橋南豐樂坊。

附同作　李兆洛

天涯渺難即，吾意其蹉跎。江上無芙蓉，褰裳意云何。吾子好筋骨，卅載歷
坎坷。陸豈無虎狼，水豈無蛟鼉。行行為誰驅，萬里俯仰過。詎云恃忠信，
遂可輕風波。倚杖得小休，陶然契天和。託宿在何許，前途尚坡陀。造物勞
以生，未死敢有他。息陰諒非遠，逝者亦已多。仰視滄浪天，效彼勞者歌。
努力為我起，斯路幸不訛。甘受田父笑，毋為僕夫呵。請借雙行縢，以為安
樂窩。

病餞

敬陳酒脯禱臺駘，藥裹醫方拉雜摧。文可送窮元有例，鬼猶求食豈無魁。留髡
已作經年聚，訪戴毋煩異日來。朝服阼階吾敢慢，禮成喜見凍雲開。

右送神

幾回剪韭負春盤，迨剪冰蔬尚減餐。我肯妄稱前太歲，君原自有大還丹。從今
腰腳遊山健，正好須眉點雪看。驗取詞源饒萬斛，試邀吟客一登壇。

右神答

寒夜示濯姬

風已排窗雪未成，峭寒猶與坐嚴更。遙憐道韞思家苦，喜聽冬郎學語清。熾炭
自溫行藥酒，縫裳低趁讀書榮。吾家慈訓傳天下，何以他年繼令名。

輯春芹錄成懷舊感知呵凍有作並序

　　　文王嗜菖蒲菹，孔子縮頷而食之，性有所癖，不能喻之他人也。
余好食春芹，以為味在早韭晚菘之上，豈定論哉？選六家詩成，聰
應請書名，會方食芹，名之曰《春芹錄》。何者？詩不盡六家，六家
詩不盡此數首，然而荔枝、江瑤柱遠莫能致，春芹則既習而嗜之矣。
後有覽者，幸毋以膾炙繩之。

萬里遊輨萬卷書，不師鮑謝況韓蘇。兵閒索句秋聞角，林下衡文夜有珠。公嘗
甲乙同時少年之作，定繼輅弟一，大興舒位弟二。經學為公刪劄記，霸才隨地闢名區。顧塘
自昔詩人住，里第鄰蘇文忠公故宅。想見吟魂曉夕俱。《甌北集》。

竹垞樊榭豈同論，杜老千秋此替人。名士猖狂潛破膽，相公蘊藉待傳神。茂宏
誰付曾揮麈，汲黯能忘後積薪。賤子最深逾分感，先母七十壽言，李昧莊、陳桂堂諸公
皆稱侍生，先生獨稱姪。楹帖懸處一沾巾。《有正味齋》。

美人香草太差池，六義先亡比興詩。賈傳還朝仍待次，桓寬箸論豈傳疑。杜門
頗厭高軒過，並世應無夾袋遺。最是夜寒禁獨坐，公平生早起，無一日不讀書待旦。曉
雅嗁後動鄉思。《賞雨茅屋》。

翩翩玉佩雜瓊琚，佚事流傳半子虛。牘尾批還王大令，琴心豔絕馬相如。我來
賭酒豪情在，人到研經結習除。卷卷丹黃皆手澤，一瓻休便借藏書。《芳茂山房》。

為數平生事事奇，到頭成就一家詩。遊爭山賊崎嶇徑，死值湘妃涕泣時。君以
竹醉日卒。黃祖敢加名士刃，烏孫競獻謫仙巵。孤兒文譽因誰起，五日樽前有
所思。《更生齋》。

曉聞畫角夜聞砧，片語能傷萬古心。華嶽遊來詩境盡，信陵葬後酒杯深。白楊
自種秋庭樹，元石虛生墓道金。幸我未經交叔度，上邪一曲為沉吟。《悔存齋》。

見說

見說輨車已渡河，東朝廷辯事如何。同升公叔需才急，新出俁駢得謗多。方笑
上卿徒嗜芰，況聞故宅尚牽蘿。巖疆十載資威望，肯為流言譴伏波。

當日聽雞兩少年，絕塵快著祖生鞭。還朝敢載南宮寶，謫宦求輸西邸錢。慧鳥
本來能學語，新蛾豈便為爭憐。武威書記非吾願，一笑曾歌愷悌篇。

中隱勸以九香蟲入藥服之有效走筆報慰

漫許狂吟氣尚豪，雕蟲刌盡解牛刀。詩人服散名尤豔，廉吏傳方價不高。為爾

徑思增尒雅，養生且欲反離騷。雉膏羊炙銷寒具，早晚從公醉濁醪。

次韻答伯厚

索得鄰翁一把茅，羇棲似此定堪嘲。雙飛便作將雛燕，君新娶夫人，山妻中表女弟，聞撫前子甚有恩。返哺重營避歲巢。太夫人省仲子於武昌，將回安慶度歲。日短難償毛穎債，天寒翻絕麴生交。閒閒十畝他年事，莫漫更端賦樂郊。

服九香蟲散脾泄得差稍稍思愈中隱有詩誌喜復此報謝

比屋聞高詠，裁箋慰病夫。感恩惟藥石，銘德在槃盂。笑免季倫婢，歡生穎士奴。家風思萬石，賦手愧三都。范叔今無恙，廉頗豈受誣。佛頭差未著，鬼面不須塗。憶昨更衣數，頻煩捧腹趨。疾非因入井，寒反罷提壺。瞖效溪邊瀚，危同灞上逋。高冠空岌岌，得貨亦區區。投瀡驚齊虜，嘗新謝晉巫。莫嗤聞道晚，五畝盍歸乎？

謝嶰筠中丞餉瓢兒菜

掛席鄉園近，烹蔬幸舍同。水從顏巷汲，韭代庾庖充。藉慰枌榆思，仍饒杕杜風。民皆無此色，我正負年豐。冬來以病脹妨食，垂五十日，頃始小差。拙婦隨朝爨，驕兒罷夜舂。撤罝違聖訓，煨芋謝禪宗。筍盡干霄竹，葵餘向日叢。多公念衰病，何止恕疎慵。函問材官戀，親裁尺素工。紫曇看穤稏，丹桂折蒙茸。漸欲成樗散，寧堪備藥籠。挑春先閉戶，二三月間，即以肝疾杜門。醃臘尚扶筇。樾蔭深深庇，蘭言欵欵通。偶然糸玉版，復此損詩筩。名已儕諸葛，儀因想謝公。加餐行努力，聊自託秋容。

附中丞來詩

石城艇子泝江來，鄉味剛宜雪後佳。春遠如梅堪寄隴，品高似橘不踰淮。此菜惟吾鄉有之。移種他處，即變作尋常白菜矣。黃金細碎心攢纈，碧玉惺忪股折釵。筐筥分貽非饋歲，知君食菜正清齋。

喜雪有作

一秒望雨不得雨，入冬晴乾復如許。凌晨喜見雪滿天，勢壓蝗螟不出土。病夫畏風若鋒鍔，此日閒窗手親拓。特恐階前積不深，使我清興忽蕭索。官滿客寄今四年，得歸亦乏躬耕田。年豐米賤旅食易，此豈有意哀顛連。晡時雪止風轉

銳，一巷喧聞屐聲碎。嘉祥召怨詎所卹，戰慄衝泥亦難耐。恰有杖頭三百錢，呼取鄰翁四五輩。烹蔬煮酒聊禦寒，不覺頹然我先醉。

題蘇文忠畫壽星像石刻

蒼龍巍巍角亢間，雅訓實冠星名篇。何年造作此幻相，頭長身短衣褊襢。因字象形魁宿現，牽牛織女秋相見。一時戲謔竟流傳，摠為人心怨孤賤。坡公作此圖，當在黃州時，元豐年月推可知。孤行雖已得鐵杖，吉夢那便湌瓊芝。蠻鄉瘴癘侵衰病，湯火餘魂驚未定。除是天星默護持，特為逐臣延壽命。觀醮如聞玉佩聲，降神亦受仙書贈。偶託丹青意轉傷，何妨碧落呼能應。中元月色最荒涼，公以七月十五日終於吾郡。照見騎箕到帝旁。天自酬公千古壽，不須封爵比文昌。公死作奎宿，亦道家附會語。

謝徐公子乃溥寄新會香橙

往者楊司業，星圍觀察。為言新會橙。十年遊客興，千里故人情。啟篋香猶烈，凝脂味轉清。膏先防四溢，破或待三更。那更求蒸栗，惟應矢報瓊。黃柑今減價，皖柑亦稱佳品。丹荔許爭名。漬訝吳鹽誤，涼消越酒醒。吹蘭知換息，嚼玉不聞聲。羅帕層層裹，春蔥旋旋擎。崔徽如可喚，君前有倚桐士女之贈。皓齒定教呈。

侯青甫博士雲松遠寄秋日九詠值病餘歲晚不及徧和率效二首並呈嶰筠先生

荷花梅雨任飛揚，偏是言旋意轉傷。縱去豈如鴻踏雪，再來難定玳為梁。銜泥差免氷弦污，此地曾經雛翼將。記得晚歸簾未放，有人倚檻竚斜陽。燕。

嘹唳征鴻見一繩，雙雙誰是去年曾。由來得食能教住，一樣禁寒就所勝。為汝歲華驚婉晚，豈無鄉思又因仍。相逢多少孤飛鵠，壓背嚴霜半作冰。鴈。

書華南大令詩後次自題韻

客居同冷巷，曉夕得經過。客有少陵癖，能生叔度波。莫驚來日少，且喜積詩多。稍覺聲悲壯，銅絃和未和。

嶰筠中丞大計群吏署小宛上考喜而有作

生就寒花不見春，衝寒剛選賞花辰。世皆欲殺言詞懇，我亦心疑骨相屯。且

試一揮知已淚，何妨竟現宰官身。衡才沈宋天然好，_{於庭先以俸滿論薦。}看取他年附傳人。

餞歲行和嶰筠先生

季夏之初病掩關，雪霽忽見龍眠山。山容慘澹減膏澤，客鬢對此驚彫殘。江城爆竹喧如雨，鬱壘神荼相向語。莫云還山水歸壑，獨有華年積何許。辛壬癸申強命名，孰為收藏孰長贏。孰驗晦朔堯階蓂，昏旦晝晡雞初鳴。苦為虛空著痕跡，冠昏服政垂作經。櫛沐食飲俱有程，各各俛首從使令。時移事往心怦怦，若有人兮御風行。似影非影聲非聲，但一屈指瞿然驚。寧知大椿八千歲，從無落葉無抽萌。土膏時寒復時暖，時晴時雨時晦冥。時沃甘露飛雷霆，彼豈有意矜修齡。無心貞運此可覿，安用後會期丁寧。先生憫念諸有情，滅度一切超三乘。歡喜讚歎得未曾，我悟妙諦益證明。文亦不效韓吏部，賦亦不學江醴陵。金輪西馳銀燭代，滿引離觴收別淚。我倦欲眠君勿待，又有陽烏喚殘醉。

崇百藥齋三集弟七

焚巢集庚寅

遙送果亭都護移鎮烏魯木齊

驚心別路遠於天，虎節麾章又一遷。垂老尚堪威絕塞，重逢難定是何年。元知魏郡資萊國，自勒燕然軼孟堅。只我未消兒女氣，因風灑淚寄吟箋。

崇百藥齋為鄰火延燒告災於海內朋舊

岸上牽舟本所諳，十年江北望江南。連朝省過懲猶薄，寒夜留賓醉正酣。是夕方招楊伯厚小飲寓齋。五世尚餘先澤在，三朝幸保國恩覃。先昭毅公至先君五世畫像並先君及繼輅兄弟四人所得告身俱幸無恙。自憐衰髮垂垂白，可許重營老學庵。

三字齋名海內知，宦遊仍署客中詩。傷心慈母傳經夜，抵足良朋聽雨時。疊石蒔花都一夢，徑蟲梁燕總相思。明明哺鳳九熊處，忍逐蟬聲過別枝。

原識浮生傳舍如，古人亦復愛吾廬。千秋自說烏衣巷，半宅誰分子敬居。繞砌苔痕春又至，還鄉客夢境全虛。更新除舊公言過，慚媿河東失火書。謂嶰筠先生。

題顧卿畫

鄉思為我寫來真，草色波光已報春。可惜山椒好茆屋，小橋日落不逢人。

詠水仙花次張大令中鵠韻

研屏低護洗頭盆，半擁霜華半雪痕。越女從來居近水，孤山聞已賦盈門。漫邀

微步聽幽操，自展寒香返斷魂。咫尺芳祠尋不得，落燈時節月全昏。

疏影 春影和嶰翁

寒深徑窄，看倦雲暝水，未染春色。漫啟閒窗，樓外斜陽，明明一帶平碧。廊腰闌角經行慣，轉費盡，春人濃覓。除夜來，喚起幽蟾，窺向絲絲簾隙。　猶記雕陰庭院，那時送別後，底遣遙夕。到得重逢，又被東風，半掩留仙裙襞。佳期肯放今番誤，試探取，銀鐙消息。待晴暉，照入菱花，不著一塵輕隔。

附同作　聰應

東風吹處，訝乍濃還淡，非花非霧。憑遍雕闌，踏遍蒼苔，總覺耐人延佇。小池碧水新來漲，更漾得，一庭紅雨。早誤他，舞燕流鶯，都向波心飛渡。　容易韶光重到，彩雲飄散後，可還如故。牆角籬邊，柳眼分明，記得斜陽幾度。簾旌猶自深深押，已過盡，游絲狂絮。待夜來，明月盈階，又是一番情緒。

君行三章送華南大令

君行我心慰，瀕行復吞聲。浮生逐衣食，遂使離別輕。君時方喪偶，行李堆縱橫。一一手自檢，觸物思平生。環滁山色好，差遣獨旦情。登臨得奇句，金石相訇鏗。境困學轉銳，力與造化爭。嗟哉百年客，孰覘千秋名。

君行我心慰，我歸尚無期。歸亦安得食，歸亦無所棲。因循七寒暑，苦樂誰當知。窮交互相卹，客路逢君稀。君今捨我去，惜此芳華時。芳華竟何有，日日扃雙扉。花朝倏已過，未見花一枝。

君行我心慰，臨別欲有言。妻亡復無子，毋乃太孤單。上恃積善慶，下驗為政平。旗鈴何逡巡，待子已十年。一舸施兩槳，攜歸甚安便。此事宜早圖，去日如飛煙。我無楊枝贈，行賦桐花篇。

答尚齋太守喜行館與僕比鄰之作

我住皖城北，龍山枕屋背。山靈頗見瞋，為我擾車蓋。杜門託養疴，疏梅作花再。團扇雖無塵，孤竹亦苦隘。君攜敬亭雲，來把浮丘袂。分我庭樹陰，枝枝潑濃翠。和我深夜唫，聲聲破殘寐。居然漁樵侶，樂此衡宇對。鶩鴨不聞喧，鵁鶄已分隊。時將陳乞歸養。行從大夫徒，呵無關吏醉。浮生本逆旅，情話即良會。詩成月上墻，窺臣勝眉黛。

為嶰翁題鍾葵畫像據案展一畫障援筆欲題旁一鬼捧研

一度蒲觴感歲年，終南山館展吟箋。不知此畫定誰作，沒骨更在徐熙前。

醜奴作態要司花，俗傳鍾進士為五月花神。安石榴開映絳紗。呼取窮奇來捧研，不須旁暈有梨渦。

腕中可有羲之鬼，頷下猶多東野髭。畢竟當時科目貴，一朝進士總能詩。

病中聞嶰筠先生以纂輅修志微勞奏請鼓勵蒙恩盡先選用懃感有作

少時盡讓祖生鞭，老去翻叼北海箋。癸未大計，乙酉俸滿，再膺保薦。來飲江波今七載，甲申五月，雲汀先生札，調來省充志局提調兼纂修。別營薄宦尚三年。本班選期在壬辰秋冬間。京華書札催征騎，謂詩舲、子詵諸君。病榻心情感逝川。至竟出山何所補，眼中朋舊半歸田。謂仲平、申耆、叔侯、裕來、淥初諸君。

百字令 於庭寄示新詞皆與申耆往復之作病榻次韻並柬兩君

故家何在，乍雲山隱隱，被風吹斷。雪雁風雅都訝客，七載牽舟江岸。片刻成眠，一樽淺醉，暫把鄉心按。干卿甚事，鬢毛日日偷換。　　試問此去春明，黃塵烏帽，底遣離愁亂。芍藥丁香應好在，又早鶯飛蜨散。但許清江，聽搖柔櫓，便抵還鄉半。南枝越鳥，年來頹盡霜翰。

送尚齋太守歸省

病榻聞君來，雲將別我去。君行亦非速，我疾苦未愈。心學豈易言，人事短多牾。區區方寸地，百憂互盤據。大聲乍一驚，渙汗忽如注。火焚陸渾山，城絕董父布。引醉甫成寐，入夢更多怖。寡言守今律，苦吟悔前誤。默然視移陰，譆哉起沈痼。

宦成歸故里，慈母喜不勝。曾聞吏尤俗，未覺面可憎。為兒檢行篋，信兒守家聲。質業集子弟，話舊邀親朋。朝眠日三竿，夜坐月半庭。榮榮空谷蘭，飄飄大海萍。何日塵埃中，復此懷抱傾。方期壹哀樂，雙淚忽已零。

知音求不易，況乃求知心。遇君冠蓋場，蕭然若山林。唯諾習良易，直諒意所欽。恒言出肺附，片語成規箴。十年互相資，交深學亦深。因君返初服，益自悲塵襟。願趁下水船，集此焚巢禽。巢焚歸不得，且當歸故岑。

清時易為吏，無事待興革。書生沒世名，終當託楮墨。洋洋典謨文，煌煌堯禹跡。製器不能銘，德功亦沈寂。君今歸杜門，經訓日有獲。我行抗黃塵，解悟

恐非昔。竊譽未可期，違才良自惜。倘君假一椽，為君校圖籍。

蔣山病廢三十年矣其子右卿抱關來皖出舊圖君隨雲臺宮保按部嚴州塗次紀遊屬太倉張農聞作索題泫然有作

乍展張郎畫，驚心三十年。麟洲今宿草，龍尾亦華顛。不死叩貞疾，言歸失故塵。吾衰思議絕，久罷問青天。

阮公六十七，歸老尚無期。弟子天涯在，遊輈江水知。客星頑墜石，古木暗荒祠。重訂他生約，秋風理釣絲。

雨夜懷申耆

似覺閒宵刻漏遲，江城好雨正知時。空濛景色圖難肖，蕭瑟情懷聽最宜。賞汝已無栽竹地，還鄉總負及瓜期。<small>謂於丕、翰風、道久。</small>天教仙李蟠根固，獨立蒼茫罷詠詩。

題畫

芳草閒庭客思孤，醉來潑墨寫貍奴。不煩急護雙飛蝶，愁殺東風是鼠姑。

三疊琴心萬慮蠲，螳螂那更捕鳴蟬。憑君別寫忘機鳥，睡傍碧荷如月圓。

曹玉水司馬以鮑覺生詹事遺詩索題時余將有北行即以誌別

一別二十載，再別亦四年。人壽積何許，飄作風中煙。舍人佐郡來，翩翩拓窗先。與看龍眠心，知將作尹邢。避且諱別酒，誇歡筵春明。此去偏蕭瑟，先後詩翁持使節。<small>謂春湖侍郎、石士閣學。</small>天留一老主騷壇，<small>賓谷先生。</small>亦恐吟笻愴孤子。吳郎輈跡更絕奇，<small>蘭雪改外得黔西牧。</small>差勝倚樓成死別。<small>衡西給練。</small>事與願違君莫哀，用違其才古所悲。茫茫塵海此分道，曷不盡碎花前梧。頻年病比東陽劇，腰腳輸君健如昔。殊恩何以酬賜環，先德我寧忘載石。皖臺涼雨極天飛，雲樹都關別後思。聚散何如存歿感，秋墳試聽鮑家詩。

摸魚兒皖俗婦人中秋夜竊瓜鄰圃以為宜子之兆謂之摸秋嶰筠先生於庭異之孝逸相帆小筠子期同作

記前春，穠桃初放，一枝紅豔親折。秋光轉眼明如許，那是湔裙時節。歡未歇。怕幾度，瓜期鬢影成蕭瑟。珮環暫撤，任霜印弓彎，風驚龐吠，容我夜深乞。　　東籬畔，借取涼蟾一瞥。依稀幽徑曾悉。玉纖本是雙攏慣，休放

蠻兒輕囓。歸步疾。祈今夜，衾邊怎與同衾說。來年重實，願甘比青門，也教子母，五色耀朝日。詠懷句。

南歌子中秋雨懷顧簡堂于役濠梁

久坐憐遙夕，分攜惜暫逢。一簾暗雨任冥濛，有個團圓皓月在當中。　　醉比新寒薄，愁緣善病工。蕭蕭班馬慣迎風，還有嶺梅開後北征鴻。

楊康侯秀才為余錄戊子己丑兩年詩點畫遒麗並有書後之作口占報謝

端宜一字一縑償，想見秋窗拓早涼。他日有人求賦草，憑君留取十三行。

猶記元方伯厚。寫我詩，十年減盡舊才思。江城此夜瀟瀟雨，又向春蠶索剩絲。

過六安訪楊葆卿監丞出畫索題即以誌別

夾道秋林夕照紅，蘭陵南畔尚薰風。巴童見面知君實，驌子關心問小同。賦筆有誰驚繡虎，畫圖聊復記飛鴻。迴鞭約略春醪熟，為我先期蓄晚菘。

十月晦鳳陽塗次大風

擬借村醪餞小春，水程濡滯又經旬。驚湍乍激三千弩，曉日全迷十丈塵。臥倚短篷如廣廈，寒生孤枕失重茵。濠梁舊是觀魚地，不覺臨淵愧縱鱗。

德州道中寄君孚

慰汝起親意，冬喧異往年。襄帷車上月，飲馬路旁泉。風定揚塵少，裘輕作事便。江鄉應得雪，誰共擘吟箋。時子濤亦借余北上。

雄縣道中感念亡友芙初祐甫

趙北燕南水，依然一望遙。獨憐青鬢改，愁對暮雲高。素壁無詩在，黃壚有淚澆。明明布帆影，可許喚歸橈。

舊游

舊游到眼愴曾經，淚與簷花相對零。別有人間斷腸處，荒煙衰草夕陽亭。

潘待詔曾瑩覓句小影

尋詩亦復有底急，獨向利林成久立。更無慧鳥喚開簾，那覺吟肩墮殘葉。欣然走索玉版箋，應有人憐衣露濕。謂琇卿妹。

潘典簿曾緩抱琴小影

前年讀君詩，今年識君貌。怡然抱琴坐，知己釋矜躁。疎梧宜月蕉宜雨，畫筆蕭寥都不取。卻從空際見光明，照澈清秋是眉宇。與君江海久齊名，此日江花漸欲傾。尚有三生仙骨在，天風親聽鳳雛聲。

野雲山人招飲索詩

清絕涵秋閣，羈懷許暫開。中央人宛在，三面月皆來。寸楮足千古，十年此一杯。故交多宿草，話舊不勝哀。時乞君作宣南話舊第二圖，感念時帆先生、蓉裳丈、蘭村師暨芙初、祐甫、浣霞、小竹、香延、申受諸子，不自知淚之橫衿也。

浣溪紗 潘絃庭以淑配所畫仕女索題

羅補吹香撲綺欞，留仙裙子漫忽忽。一身全裏落花風。　　此際玉簫吹不得，此時詩思亦冥濛。所期人在月輪中。

菩薩蠻 潘星齋撲蜨圖

啼鶯喚夢嬌無主，捲簾春已青如許。蜨影太雙雙，窺人過小窗。　　扇紈猶在篋，袖展香羅急。珍重步花陰，蒼茫一徑深。

金縷曲 絃庭蘭閨唱和圖

簾影垂千縷。聽漚波，小亭臨水，淺吟低語。十萬金鈴教管領，肯放一天紅雨。算只有，玉臺佳句。留得春光千劫在，更生綃，傅色明如許。詩書畫，都將去。　　秦嘉往日傳虛譽。笑年來，江花漸落，朱顏非故。入度春明緣底事，杯酒慵澆趙土。渾不料，頓紅深處。金是諸昆梅作婦，見君家，一室神仙侶。差不負，雙行屨。

岳忠武遺研歌 並序

　　　　研今尺橫三寸八分，縱六寸四分，正面右刻丹心貫日四字，左刻湯陰鵬舉識五字，皆篆書。池上鸜鵒眼一就，刻作雲日形。明初入內府，太祖以賜徐中山，中山刻楷書四十七字於右旁。向藏薰城徐氏，中山後人從成祖至北平者。今為太原宋氏得之。

我昔曾賦疊山卜卦研，文山玉帶生天生。文謝結此一朝局，如石已泐不可使合併。獨怪岳侯勝算已在握，黃龍計日揮千舳。忽催長城壞梁木，沙頹瓦碎曾無

聲。忌兄棄父論太酷，讀史至此俱覺心怦怦。精忠報國字與骨同朽，乃尚留此丹心貫日之研銘。中山乘時作蕭鄧，竹帛自立千秋名。猜雄之主幾不保終始，吁嗟帶礪難為憑。幸哉不斃土囊下，此研遂與鐵券俱錚錚。宋高守文頗易事，何物賊檜能令山嶽委地鴻毛輕。由來成敗完毀偶然事，賜物世守亦已逾雲仍。即今大功坊又沒秋草，煙雲過眼成飄零。詩人懷古作悲惋，豈知石本頑無情。君不見長生長樂漢當作研並良制，旋見銅雀高嶙峋。趙家民嶽壽益促，風吹珍石如春冰。興來磨墨一斗盈，且縱弱腕驅風霆。人間倘無五寸管，忠義智勇亦復一一俱沈冥。

題女士陳靈簫畫扇

誰寫桃花又柳花，碧城霏雪赤城霞。分明三月皋橋畔，繫艇來尋賣酒家。女士自跋引太白詩，謂柳花有香，不可不畫。

沈飴原同年郊居圖

我聞古君子，難進而易退。置身珪組間，結想煙霞外。南陽感三顧，鞠躬期盡瘁。種桑八百株，早營歸隱地。東山大人容，安危一身繫。顧於寢處閒，時露山澤意。益推安懷聖，沮溺豈同志。乍聞曾晳言，風浴動遐思。致身興抽身，前後不相背。戀闕與戀祿，跡同心則異。休文昔郊居，丘壑頗幽邃。獨善非所安，征吉況逢泰。自操蘭臺笈，遂判浮丘袂。通籍二十年，官已至卿貳。循陔蘭益榮，趨庭玉同粹。積善荷降祥，奇福稱絕慧。道行資坐論，責敢覬旁貸。獨其高曠懷，翛然出塵際。聊因筆墨緣，雅興此焉寄。我來展橫卷，畫筆劇清麗。魚莊及蟹舍，仿髴繞雲氣。後樂平生心，獨樂他年事。此圖即息壤，珍重置經笥。我家笠澤西，風雨差可蔽。近者占焚巢，羌無一椽庇。掛帆來就公，分宅有前例。惜哉筋力衰，老不任樹萩。公刊所著書，粗能校訛字。呼公仍樵兄，期公畜漁弟。故人多要津，我言公且秘。

次韻題潘芝軒先生棻社奎光詩卷道光壬午正月先生暨石琢堂丈吳棣華廉訪藹人學士讌集倡和之作四公皆以進士弟一人起家者

寧許東山臥謝安，時公以吏部尚書乞養，比年始還朝。先朝侍從比甘盤。及門籍湜傳衣早，棣華、藹人皆公門下士。故里林泉到眼難。大人先生顯宦既成，可以笢領河嶽，而平生釣遊之所，往往思一遊覽不可得。公年甫周甲，享林下之福已十餘年，實古今所希有也。會比耆英人未老，詩多樂易韻從寬。遙思仙吏錢江畔，謂石敦夫大令。宦興年來亦漸闌。典論無煩續

五官，詞壇此會盡躬桓。聽箏詎灑中年淚，修褉先徵上已蘭。風詠未妨商正學，<small>公近著一書，曰《正學編》。</small>琴書多幸結新歡。<small>謂公子曾瑩、曾綬。</small>還聞小鳳聲清絕，<small>閨讌人遺孤甚慧。</small>等取臚雲五色看。

文休承石湖圖卷題後

羈宦離思積十年，石湖春漲遠浮天。一家筆墨吳興後，三月鶯花笠澤邊。塔影似招遊子夢，鄉愁分餉故人篇。<small>卷中南雅、梅史先有題句。</small>何時上冢攜雞黍，<small>先宣公墓在吳門。</small>重泊先生畫裏船。

芝軒司空洗桐圖

龍門有嘉植，本自無纖塵。豈猶懼習染，為此浣滌勤。高士抱孤癖，明公非隱淪。米顛及倪迂，擬議皆不倫。讀畫忽有悟，公意吾能云。樹人類樹木，潔物先潔身。大德信無缺，細行亦所矜。<small>矜字從令，古均隸真臻先部。</small>瑾瑜恒匿瑕，自便非至論。醇儒戒律嚴，隨事徵操存。偶然託豪素，銘座勉日新。疏雨忽復霽，涼月圓如輪。一葉一光明，見性此最。真桐亦感祓，濯恥與曲木鄰。他年伐琴瑟，和聲協韶鈞。嗟彼爨下材，危哉摧作薪。

題星齋蓮塘清暑圖並示琇卿妹

我昔曾訪蓮花莊，蓮花想像余空塘。今來讀畫觸前夢，湖光仿髴浮鵝黃。蓮花四面人中央，此世界無冰與霜，亦無凍雨無驕陽。吟聲飄渺入花去，蘭息欲與花爭芳，畫所未到吾能詳。仲姬此時方曉妝，妝成侍膳趨登堂，行來共君納晚涼。

徐廉峯編修問詩圖

聞聲相思十年久，今日迎門握君手。翩然一崔排雲來，標格正似庭前梅。吾儕會合都關命，且喜新詩讀粗竟。不愁世業委輕塵，但恐清霜入明鏡。君家世業天下知，君所樹立寧惟詩。即論詩境渺無際，君縱慾問當從誰。朝行疏林暮籬落，蟲語能悲鳥聲樂。與君答問人不知，卻向陳編聽唯諾。尺幅雲山重複重，羈懷鄉思摠賓濛。眼前景色吟難盡，半似梁溪半玉峯。<small>君，崑山尚書來孫，而尊甫以無錫籍領解君，今後大宗又為歙人。</small>

張蒙山上舍守梅圖

愛花只合住花裏，主人出門梅不喜。主人語梅豈得已，行歸與君相守矣。<small>謂余</small>

不信繪作圖，日日看花不待呼。梅花勿聽主人語，主人未是山中侶。明年梅放又辭家，揮鞭卻看長安花。

周晴川之官樂平索詩為別

小謫忽忽下玉堂，蠻雲猶為護甘棠。君前以庶常改官粵令。而今去作陶元亮，松菊何曾異故鄉。

十年宦轍感分馳，君去方驚我到遲。計日河陽花放早，一篇先寄課耕詩。

紅豆山莊玉盃歌並序

常熟江君湛源善醫柳如是病，藥之而愈，錢牧齋持玉盃為贈。

盃刻紅豆山莊字。江君六世孫之升出示索詩。

蒼梧淚灑斑斑竹，故劍無歸獄中哭。癡絕長年褚彥回，猶抱如花誇豔福。庭前紅豆照眼明，囍囍出出殘夢驚。此盃不共絳雲燬，方知玉亦頑無情。雪鬢漆膚堪絕倒，柳如是語。賢妻二字見牧齋詩。也覺垂垂老。和緩空煩飛騎來，封胡難使貪囊飽。並刀似水斷人腸，圓頂方袍入道裝。沘水已聞頒玉軸，香魂終古怨雕梁。盃兮閱世二百載，想像凝脂覷光彩。移座狂歡最可憐，珠冠寶帶今安在。我昔曾歌趙氏觥，文羊一角見錚錚。一朝酒器知多少，莫為遺珍泣卞生。

芝軒冢宰星軺攬勝畫冊點蒼匡廬天台鴈蕩皆督學時按部所經

先生手持瓊玉尺，量才直盡天南頭。山靈有意傲多士，爭先快識韓荊州。盡驅浮雲埽宿霧，千峯萬嶺迎鳴騶。我聞讀書必行路，奇文例得江山助。所恨多從遷謫來，行吟未足諧韶濩。先生弱冠登瀛洲，又欠林泉愜幽素。熙朝文化被蠻荒，六詔風煙接帝鄉。夷民問字識忠孝，使者按部收珩璜。此時山色連天碧，山亦如文平不得。直是平生未見書，特為先生壯行色。紀遊詩出海內知，匡君玉女俱相思。聖恩屢錫看山福，幕客都誇得句奇。永嘉試罷還朝早，天官旦晚加師保。九命纔過強仕年，一篇已誦陳情表。故山多半近南陔，虎阜鶯花鄧尉梅。置鄈豈知文度貴，趨庭又見季方才。閒中卻話遊蹤跡，高鬟淺黛環瑤席。何人金碧擅營丘，縮取全山剛一尺。金鼇退食未斜曛，畫筆山容孰假真。但祝年年書大有，不煩換手寫流民。時聞江左右俱有水災，未得確信。

星齋玉山紀遊畫卷

見爾儼逢裴叔則，披圖忽憶李滄州。當時伴侶今誰在，未必丹青即久留。往客

味莊兵備，屢偕林遠峯、萬廉山遊玉山，改七香為作圖。古墓尚澆遊客酒，建文殉難，黃公子澄。小園如聽故山秋。山下有一小園。浮生何□□今昔，隨意詩成淚已流。

餉絨庭宜興磁壺媵之以詩

義興茶器推專門，龔春。徐有泉。兩家今罕存。前朝健者時大彬，蜀山一昔摧嶙峋。洪鑪熾炭焙不溫，熒熒化碧驚秋燐。寶劍淬水丹成銀，團雪為魄霜為魂。盛暑置座不可捫，涼颮習習消餘醺。私淑弟子王南林。與陳，若水。風格亦足魁其群。力趨瘦硬懲輪困，未若彬也含清醇。後來俗手何紛紛，險怪庸陋旗鼓分，蛟橋夾道明朝曛。太邱曼生郡丞。銘辭雖雅馴，古意亦已乖先民。一真百偽淆清渾，我初求汝經冬春。我既得汝忘朝昏，客來啜茗無所云。客去使我感歎頻，規圓方竹漆斷紋。矧爾骨相虞翻屯，東西汜水波粼粼。誰從洗耳曲聽真，昨者攜之遊帝閽。潘郎雙瞳月出雲，一見歡賞稱絕倫。我聞大喜持贈君，得一知己他何論。朝恩莫怨如轉輪，秋風棄扇君所聞。

季雲書學錄怡雲圖

君山蒼蒼暮雲合，有美一人看雲立。十年相望不相聞，今日見君還憶雲。雲容只覺家山好，痛惜踏雲人去早。謂儕嶠、筱山、繡峰。君今又作出山雲，便恐愁雲失昏曉。我家雲間有舊棲，一夕化作秋雲飛。龍眠怪我久為客，翻逐燕雲到京國。風吹雲散復幾時，舉梧問雲雲不知。臨岐一語君念之，每見雲起長相思。

趙公子種竹圖

漚波亭前餘隙地，乞竹君家有前例。想見雕闌並倚時，竹粉都沾鬢雲膩。君才頗有松雪風，圭中三絕亦與同。君配為詩舲女公子，詩書畫俱工。稍恨春明乏佳竹，堵鄉少此數竿綠。聊憑圖畫寄閒情，展卷如聞雛鳳聲。檢取仲姬詩句報，來年稚子行邊生。

為狄公子題姬人毛氏遺像

生小鄉親識面遲，卻從遺袿見幽姿。留將玉貌生天去，肯到蛾眉蕭瑟時。

幅幅烏闌錦字妍，兒家家學重毛箋。小星江汜吟來熟，信有周南弟四篇。君配王夫人，先友儕嶠太守女，愛姬尤甚於君。

種就三生煩惱根，雙棲樓閣怨黃昏。畫裠芳草經行處，一點熒光照斷魂。「熒飛艸有魂」，王夫人舊句。

鬢絲禪榻悟浮生，除是蓮臺許懺情。千首哀詞萬行淚，酬恩索負不分明。

唐建中年韓晉公所進大小忽雷相傳小者猶在人間為雲亭山人所藏繼蓮龕同年得之以贈劉燕庭郎中燕庭出視索詩

風外煙雲劫後灰，吉金樂石費疑猜。是誰護取傷心物，留與人間譜可哀。

絕技由來少繼聲，隔牆省試鄭中丞。忽忽兩度羅衿淚，我覺生離更不勝。

官家聲律擅千秋，法曲曾煩天上求。一自抄羅檀進御，蜀中歲歲動邊愁。

干卿何事為沾衣，鳳尾龍香是也非。試數一朝離別恨，真妃仙去又賢妃。

金陵嫻雅似前朝，簾外春寒韻更嬌。招取柔儀宮裏月，流輝照我賦燒槽。

詞臣出鎮太忽忽，一曲琵琶聽未終。此日青衫尋舊淚，江南花落不相逢。悼蓮龕之亡也。

填詞並憶孔東塘，一扇桃花淚萬行。又似檀槽無別恨，千年住世閱興亡。

崇百藥齋三集弟八

望雲乙集辛卯

元旦小病杜門十二日矣

了無風景似新春，罷啟閒窗已浹旬。夜夜月明來又去，小庭長自不逢人。

為星齋綏庭題臨頓郊居畫冊

夢回隱約聽餳簫，日下春光尚寂寥。卻展畫圖驚晼晚，草痕已過泰孃橋。

新詩重和天隨子，作賦如登八詠樓。一樣郊居好風景，<small>適為沈飴原侍郎題郊居圖。</small>畫師難寫是鄉愁。

城市山林訝許同，茅亭近接桂堂東。分明夜泊寒山寺，一杵涼宵道院鐘。

咫尺煙波笠澤湖，雨蓑霜笠未全無。商量添個漁舟到，繫在垂楊弟幾株。

題星齋暨琇卿族妹梅花雙影

雪衣猶未喚朝湌，侵曉梳頭出畫闌。我怪梅花開太蚤，教人連日耐春寒。

索笑簷前日幾巡，愛花人是此花身。山中林下尋常語，吟向君家字字真。

得婦虛名林處士，游仙幻夢趙師雄。何如日日花閒坐，坐遍羅浮四百峯。

翠禽生小不孤飛，坐傍朝陽對對齊。鐵榦盡成連理樹，者番方稱鳳雙棲。

飄殘金粟掩冰紗，畢竟長娥興未賒。四萬八千修月戶，不教戶戶種梅花。

劉家諸妹重三孃，只許梅花助淺粧。知否阿兄詩思減早，催艸色過橫塘。

元夕病起

今年纔見月，珍重十分明。雲轉春容好，風餘夜氣清。三分佳節讌，山妻攜家住皖，江劭文客粵。七度故鄉情。庚午在郯，壬申、癸酉、甲戌在洛，己巳、丁亥及今在都下。記取團欒夕，相邀問雨晴。

新年

新年小病罷銜桮，盡日閒門閉綠苔。多謝借書徐內翰，星伯。一函纔去一函來。

除卻題圖事事刪，閒來且看畫中山。小庭一夜積春雪，今日定無人叩關。

百字令星齋藤花書屋填詞圖

藤花最盛，記巷名大井，堯翁曾住。今日緐英，猶好在，轉益孝章愁緒。度香尚書大井胡同藤花甚盛，今五洲光少居之。韻歇銅弦，吾鄉劉鴻臚宅藤花，相傳為坡公手植。機空蕃錦，竹垞藤花書屋在海波寺街。誰作名花主。舊游棖觸，幾時梁燕能語。　天遣三影重來，雙成小謫，如合神仙侶。問出一篇傳寫遍，紙上花光如許。約住花飛，吹醒花睡，不借霓裳譜。渾閒聽慣，輸他簾下鸚鵡。

題南雅梅花畫卷

人本同梅瘦，春還似水寒。正逢花放候，翻愛畫中看。鄧尉東風早，長安驛使難。但留橫幅在，索笑一憑闌。

寄君孚

病中思汝意纏綿，念汝思親更可憐。寫字讀書都有禁，時目疾初愈。復將何事遣如年。

一冬晴暖易晨妝，轉是春寒爾許長。窗下水仙花發未，莫開簾押放幽香。

寄聰應

無為吾望爾，書到轉嫌疎。文可爭春豔，痾應與歲除。米薪知易匱，衣褐未全虛。勤學尚其次，懷哉慎起居。

寄頌昭

而父吾執友,憐伊作女看。但期羂薄怒,即此是承歡。師法諸姑近,_{謂君孚。}慈恩育子難。重闈恒蚤起,何以勸晨湌。

寄雪慧

香山婢子漸能書,知爾裁牋意有餘。我亦鄉愁銷不易,春寒如水酒醒初。

花朝雨柬張秋毯明經趙研雨大令

花朝風雨太無聊,咫尺芳鄰不可招。準擬買春偏戒酒,更誰閒夜話垂髫。尚餘殘淚三條燭,略遣愁心萬里橋。短趙缺張同問訊,試營歸夢聽賜簫。

乞顧南雅朱椒堂姚伯昂張詩舲楊劭起潘星齋作畫戲成二絕

百花生日住京華,病眼何曾見一花。且喜紫雲渾易乞,桃鬖杏靨滿窗紗。

年來愛聽雨瀟瀟,最是孤眠遣寂寥。為報諸君休畫竹,怕他無事要彈蕉。

自題借書圖並序

　　　道光庚寅、辛卯冬春間,余需次都下,日向星伯借書,有「一函纔去一函來」之句。已而,星伯答書:「足下十行目下,敝廬所藏將罄矣。」適於山林見之,為作借書圖。

中年只此堪陶寫,誤字粗能任校讎。重向吾家徵故事,異書不似借荊州。

往復何曾費一緘,故人風義友兼師。由來識字生憂患,三食神仙定幾時。

雨歇懷雪慧

薄陰盼到雨廉纖,省我侵晨拒客嚴。收拾閒情坐調息,西山如黛又窺簾。

大竹登龍樹菴西閣有詩見示次韻答之

臥起拓南牖,濃陰黯如昨。小齋類舴艋,守風此焉閣。前塗尚委折,心怵日西落。長安花事餘,春色未云薄。兼旬不啟關,詎誰鎬重鑰。病久酒懷斷,事簡鄉思作。疲馬欲何偋,饑鴻竟安託。失笑君願奢,棲棲慕岩壑。

附元作　汪全泰

春水滿南陂,蘆葉綠如昨。平皋生野煙,一里見高閣。微徑取寺門,登臨日將

落。殘雪掛西山，參差翠微薄。石殿對松陰，絲香閉銅鑰。中有東吳僧，金經梵音作。伊余惜靈境，暮景念棲託。永願結茆庵，餘生向林壑。

芝軒先生園中補種海棠碧桃春來俱已作花有詩索和次韻

自然富貴出天姿，元唱用坡公句作起，仍之。珍重芳根隔歲移。坐處使同分陝地，迎來猶記渡江時。低枝剛許高鬟並，紅燭應煩素手持。誰說相公腸鐵石，梅花賦罷又裁詩。

弟二曾孫生室人書來征名因寄十二韻

兒生日在戊，土燥非良疇。卻喜時逢壬，灌溉得所求。名之曰祐塍，畦埒當早籌。庶幾畫成畎，護此四尺溝。江南固宜稻，暘雨皆可憂。人力苟不勤，曷冀歲有秋。易田不可耕，和田字從柔。治性毋使偏，穀熟身亦修。吾家乏恆產，累世資宦遊。我孤負米早，寧免殘炙羞。明經拾青紫，學亦豈易優。塍乎速長大，勉作農家流。

室人書來云積善七月呼哥哥姊姊清朗可聽感念往事卻寄一詩

我生甫百日，呼爺復呼孃。七月識五字，長壽富貴昌。八歲讀左傳，三遍終不忘。九歲著史論，詞源已洸洋。太祝抱置膝，儲梅夫先生初不見信，面試桓文譎正論，乃大奇之。白眉誇最良。慧業似可喜，福命殊相妨。垂老百無成，始悟非吉祥。汝兄貌岐嶷，學語一歲強。汝言何太蚤，汝氣聞頗揚。此皆汝父病，克肖詎所望。生汝況遲暮，期汝相扶將。朝出事耕作，暮還在我旁。慎毋作名士，名乃士之殃。慎毋掇科名，得官即離鄉。家翁信田舍，為教實義方。數行即遺訓，汝母為汝藏。待汝筋力壯，驅犢南山岡。招兄籍草坐，倍誦聲琅琅。

示五洲光少

間日經過各有詩，君詩漸與杜爭奇。漫愁吟榻無安處，時僑居，主人索宅甚急。好趁才源未竭時。鼎試一觺觺欒通用平聲字也。應已鬙，手持三研豈非蚩。隔牆喜見桃花放，卻語鄰翁尚不知。

招錢衎石給諫董玉椒員外寓齋看花前一夕為大風吹落殆盡悵然有作

東風底心性，讐月復讐花。寒喜裘還在，塵無扇可遮。詎曾侵皓魄，已自損朝華。珍重窗前草，留君玩碧紗。

詠楊花因東雲書博甫〔註1〕

隋隄陶徑總魂牽，一度飛花又日邊。風外看殘無數影，病來倦到弟三眠。果能解脫從飄溺，獨自商量要褪縣。說與新知勤握手，再相逢處是當年。

附和作　季芝昌雲書

生是柔腸萬緒牽，不禁飛傍畫闌邊。春華與我同飄忽，風信憑他判起眠。薄有因緣登研席，可堪時節換衣縣。只應慧曉池塘畔，點點含情記此年。

吳企寬博甫

垂絲百尺最情牽，況復飄揚到酒邊。作客生涯風有影，撩人春夢午無眠。幾回倦舞猶依研，三月輕寒未脫縣。同在二分塵土裏，那禁相對惜流年。

鄭祖琛夢白

不管情牽與夢牽，迷離身世總無邊。闌干九曲空餘影，風雨三春不耐眠。漸覺虛空都粉碎，暫思解脫又纏綿。萍蹤如許渾難定，點鬢霜痕感綺年。

陳嵩慶荔峰

似霞如塵思又牽，惱人情緒落紅邊。淨因要向虛空證，香夢從他自在眠。白易化緇防惹研，春猶耐冷替纏縣。無端點上星星鬢，總覺風懷異少年。

灞上忽忽舊恨牽，韶光撩亂正愁邊。桃花薄命君休妒，禪榻春風我欲眠。大地空香憑去住，一天瑤想託纏綿。東皇莫倚顛狂甚，話到丰姿已昔年。

買花詞

一蚨甫飛去，一花即飛來。胡蝶不需買，栩栩花後隨。若援吳市美人例，今日西施看百回。同名奚必郭芍藥，疊韻儼以紅玫瑰。軍持十二列窗下，指示座客誇瓊釵。春明春色深如許，我與春禽居對字。共疑詩客不尋春，豈識名花能擇主。名花得主亦大佳，我室無風復無雨。富不必玉槃盂，貴不必金帶圍。當頭呼取二分月，婪尾須傾三百盃。

〔註1〕陳嵩慶《和同年陸祁生楊花》：「如霞如塵思又牽，惱人情緒落江邊。淨因要向虛空證，香夢從他自在眠。白易化緇防入硯，春猶耐冷替裝縣。無端點上星鬢，可惜風情負少年。」（潘衍桐編纂；夏勇、熊湘整理《兩浙輶軒續錄》卷二十一，第5冊，浙江古籍出版社2014年版，第1313頁）

後買花詞

買駿空買骨，買笑不買心。世人作豪舉，虛擲千黃金。姹女方嗤揄莢小，說與沈郎還絕倒。豈知花擔賣花回，翁媼雙雙同一飽。開亦不市灌漑恩，落亦不銷離別魂。遶床花氣濃於酒，入鏡花顏麗若雲。雖非阿嬌貯金屋，差異空谷愁佳人。君不見一叢花，十戶賦，主人登車剛一顧，九十春光又前度。

吏部藤花盛開呈趙研雨姚石甫龔意舲金近園楊劭起五大令

閱世忽忽三百年，蒼藤如銕復如綟。摩肩誰是看花客，過眼能吟種樹篇。吳文定手植此花，有詩存集中。香雨橫空宜選佛，鞭絲幾輩豔登仙。與君試訂匏翁約，猶擬逢春在日邊。

瓶花歎

卻老無金丹，惜別有珠淚娟娟。折枝花顏色漸顇顇，臥閣深深掩春晝，幾曾風雨經僝僽。可憐天祚億萬年，只注美人三日壽。脂痕粉跡太分明，不及楊花付杳冥。空傳寶鏡留嬌影，空染湘豪述豔情。豔情如夢忘難盡，拚攪新愁入宿醒。

飲徐廉峰寓齋因偕黃樹齋編修汪竹海刑部徐鏡溪工部陳登之通守張亨甫明經遊釣魚臺

淮陰嚴瀨兩釣臺，臺前日日遊人來。京師釣臺久寂寞，濠上何人識魚樂。我讀遺山詩，始識王郎名。王郎徒以苦吟故，妻譏妾訕何伶俜。不知破鏡曾否得合併，至今垂釣之處尚與郭隗爭崚嶒。翰林主人雅興生，乘醉邀我城西行。此時春去甫十日，春色略似江南青。袷衣脫帽籍芳艸，地僻無塵不須掃。遠山一角明斜陽，綠樹成陰見棲鳥。我家乃在蜀山之麓漏湖之濱，任公釣臺巍然亦存。偶逢勝賞觸歸思，賣魚買酒他何論。不然笠澤三萬六千頃，先世猶留舊漁艇。待君持節經江鄉，烹魚為君勸一觴。

送吳博甫孝廉出都

我去尚無日，君行先有期。如何餞春客，妻值送人時。昨送研雨同年之官興京。樹色仍分綠，離筵少滿巵。相留定非計，豈是不相思。

同病尤相卹，和歌無異音。才驚青玉案，贈乏紫曇葆。此去得知己，謂鍾仰山少宰，時出鎮馬蘭。有人能苦吟，謂須明經彌保。負薪廉吏子，且願耐浮沉。

子詵劭起夜話有作

赤日忽西下，弦月窺疎林。習習林間風，隨月上我襟。客次樂情話，況復皆鄉音。往事憶如夢，故態笑不禁。歡謔未及已，悲淚各已零。豈徒惜流年，溘逝多素心。但見浮雲高，安測黃土深。玉樹一以霣，惡木亦有陰。君欲壹哀樂，且當齊古今。

半年住京師，涕淚常滿膺。甫哭朱學士，虹舫同年。旋訣曾南城。賓谷先生。昨聞李供奉，春湖少空。亦已騎長鯨。同里兩曹郎，趙樹珊、朱篠群。初日猶在楹。柰何淹忽期，不待箸述成。宛宛當門蘭，方春乃謝榮。淒淒風院燭，遙夕乃失明。稟受無厚薄，蓄洩殊虧盈。壯哉魏伯陽，曾容同年。抗志希永生。曷制鬢毛白，遲君爐火青。

午日觀劭起畫扇思歸譚往倚醉口占

盧橘楊梅次弟排，自將團扇暫徘回。唐句。分明同坐雲溪閣，尺半江鰣入饌來。

粗枝大葉蜀葵花，承露堂前月欲斜。記得兒時花下立，迷藏剛倩翠雲遮。

蘇州事事勝常州，競渡偏教豔俊遊。一十三番端午節，可憐無分作閒鷗。盟鷗閣，里中觀競渡處。

由來萸酒遜蒲觴，薄醉隨他舉國狂。向晚畫船搖不得，絲絲簾隙繫衣香。

輕羅廣袖看分明，偏靳堂前握手行。今日替拴長命縷，爭教雙釧不成聲。

榴花庭院筍輿停，日午塗粧尚未成。到得下樓重攬鏡，忽驚頭上火雲生。

新樣低鬟艾葉垂，平潮裙子稱腰裁。生憎未麗喬心性，不到深宵不放開。

毘陵城外少青山，山在佳人翠黛間。惜未楚江同泛棹，看他玉女學煙鬟。

親除寶釧捲香羅，早起明窗翦綠莎。不是雲溪貽角黍，何因洛水見凌波。

龍舟纔過又云車，樓閣唐灣笑語譁。只有玉環新病起，自裁繭紙隔窗紗。

頻年珍膳數瑤光，鵝炙蒓羹總擅場。一自玉爐銷寶篆，更無人炷佛前香。

消魂片語出來難，劃鞚香階聽易闌。雜體江淹三十首，是誰全寫付伊看。

年年對月住西房，立索新箋補蠣墻。姜字素雲君記取，膩肢不愛寫花王。

隔船翻酒濕裙裾，驚座風神玉不如。今日重呼看衛玠，轉嫌雙節在前驅。

當時四畏負虛名，艸艸遊蹤獄未成。留得蕭孃顏色在，退紅牋上月華明。

軒名餘慶許雙棲，密約何曾燕子知。冷眼不防鍾進士，見他雲破月來時。

篇篇樂府軼三唐，各有微辭託楚狂。我自愛詩人積怨，小樓苦雨病周郎。

傳來五字宋延清，信有珠光替月明。不礙三時溝水漲，夜深長有小舟橫。

癡絕工愁盛孝章，一椽愛住六朝坊。無端來乞江心鏡，落月驚看上玳梁。

苦禁朝雲捲畫簾，茅山香會最莊嚴。閒情忽憶投荒客，鄉夢年年八字尖。

楊郎一度未分明，小玉驚呼敏玉局。絕倒來朝傳異事，江樓黃崔向風傾。

贏得麻姑仙口誇，翠翎雙壓鬢邊花。鄰翁那識閒蹤跡，飲罷偏留展畫叉。

悶裁小賦署憎蠅，痛飲今宵病未能。見說諸君成雅集，座中名士有王澄。

清商喚取玉人教，象老三絃項四簫。何止文才痛寥落，屈魂一昔逐風飄。<small>謂董方立、劉子中。</small>

三妹歸寧不待留，青溪南岸蔣家樓。商量排日迎親弗，侵曉開箱撿敝裘。

北阮笙歌徹夜闌，燈光三面壓紅欄。而今也似南頭宅，<small>味辛先生亦有水閣，臨雲溪，然婦女無登閣觀競渡者。</small>五月年年不啟關。

一朵榴花壓鬢黃，羅衣都厭繡邊鑲。西城風氣新來好，稍向城東學淡妝。

頻年名宦艤歸橈，南海珍珠未寂寥。卻為湘纍能痛飲，不須更倩讀離騷。

細柳新蒲摠斷腸，歲時荊楚語能詳。一篇絕調溪南曲，吟罷猶餘舌本香。<small>謂稚存先生。</small>

綺語難將結習除，我詩君畫定何如。他年若許傳三絕，應有吳孃玉手書。

趙詠荃上舍以前偕樹珊樹荃同步尖叉韻詠雪詩索和時方盛暑走筆應之

兩頭新月影纖纖，乍展瑤箋朔氣嚴。往事虛傳梁苑簡，此時誰撒謝庭鹽。恨無修竹圍幽徑，似有梅花在畫簷。太息袁安竟長臥，<small>謂樹珊。</small>那禁相對蹙眉尖。

寓廬消夏只塗雅，試倩飛霙阻客車。剡上故人偏返棹，河陽仙吏倦栽花。<small>謂樹荃。</small>氷心自抱誰堪語，霜色無邊正別家。<small>余以客臘抵京。</small>何日雲灣同買醉，凍簾認取路三叉。

題林石笥大令珠江買醉圖時有秦關之行即以送別

珠江燭熖紅接天，風吹月陸羅浮煙。羅浮仙蝶動凡想，卻化雙姝集雙掌。牽雲曳雪誰去留，樽前不敢迴青眸。沉沉良夜春無主，一片衣香蒸作雨。半臂

何由覺暮寒，琵琶不借通私語。帳掩梅花夢易闌，斑斑車又過河間。傷心重叩平津館，艸長花飛鎮掩關。年時我蹤江湖櫂，江波那許量懷抱。兩袖難收十斛珠，雙鬟恥買千金笑。酒病羈愁旋旋添，傷春傷別一身兼。逢君互指星星鬢，少作從傳昔昔鹽。突兀樓臺風雪裏，且揮痛淚酬知己。單騎忽忽出玉門，文鸞寂寂棲鄉里。_{謂許乃穀玉年、周三變南卿，皆襄坚相國舊客也。}郎君相見總帷旁，苦說卷施抜心死。_{謂蔣瀠生員外。}春明春事復如何，轉綠回黃幻影多。芍藥花欄全委地，櫻桃門巷半牽蘿。疎簾清簟僧伽舍，各譚往事消長夏。視我羊城舊畫圖，分明鹿苑霏蘭麝。百罰深盃醉未成，憐君觸暑更西征。曲江亦是消魂地，莫向旗亭署姓名。

附同作　端木國瑚子

天津津頭五七夕，牽牛老作秋風客。紅牆碧樹幾經霜，東望虹橋隔千尺。錦字秋江怨鯉魚，河間姹女復斑車。陌頭楊柳春歸盡，可憐一紙廣州書。廣州今是臨邛道，車騎長卿還美好。但有當壚賣鸊鶙，還家四壁何須惱。況復珠江翡翠篷，珠娘壓酒珍珠紅。天明送客櫻桃雨，日暮吹人茉莉風。沉沉夜帳燒銀燭，如此人間難獨宿。一曲纏頭幾縷絲，春閨五色蠶新熟。玉箸相看苦死留，黃金猶好漫回頭。石城艇子江南樂，還有佳人字莫愁。天涯那有雙飛翼，可恨西湖歸未得。秋風又入曝衣樓，烏誰憑人問消息。何處相尋老畫師，仙衣胡蝶繫相思。吳山一覺羅浮夢，不是梅花總不知。

題浮青山館圖為仰山少宰_{館在寧遠州少宰少時隨宦讀書處也後官盛京侍郎作此圖}

三十年前賞我詩，_{繼輅弱冠時即以詩受知尊君。}蠻雲塞月證相思。_{尊君官黔中最久。}清樽白菊秋如畫，末座青袍鬢有絲。連帥交期徵藥裹，_{令兄蓮龕同年承宜江左，值繼輅抱疴，屢餉珍藥。}詞臣威望見旌旗。即看道左邊萌淚，根觸平生國士知。

舊游雲樹最難忘，何況年時竹馬場。豐沛山川資保障，韋平家世愜麻祥。遺民自喜郎君貴，故客全消記室狂。惆悵一鞭回望處，黏天艸色太蒼茫。_{時公出鎮馬蘭，余亦將南下。}

攬鏡詞

女兒惜肌膚，欲白偏易黑。丈夫惜鬚鬢，欲黑偏易白。

中秋夜舟中對月

去歲中秋雨，懷人有小詞。<small>有詞寄顧薔堂大令。</small>今宵月色好，獨客水程遲。此別一何數，重來安可期。唯應許丁卯，知我誤鄉思。<small>滇生侍讀贈行詩：「卻認長安是故鄉。」</small>

交河夜泊偶憶伯恬一粟燈光舊句忘其全首因足成之

一粟燈光出綠陰，誰家茅屋夜譚深。交河從古相思地，畢擬新寒到客衾。

臂痛

不堪逐電試乘風，猶自呻吟倚短篷。久已挽弓憨五石，翻教窺鏡覬三公。<small>時攜一漢鏡，銘曰：「立至三公。」</small>歸田老將拋長子，罷繡閒窗見唾絨。一樣人間遲暮感，病懷難遣是飄蓬。

雙絕

秋菊春蘭載兩頭，舟中雙絕世無儔。茫茫待遣長途感，奕奕平添萬古愁。移得定拚瓊作樹，重逢容有玉為樓。佛言一切都如夢，夢裏何嘗不淚流。

舟入江南作

淺醉孤吟性所耽，客程剛喜到江南。隔窗煙艣聲初軟，夾岸秋林綠尚酣。兩度剪蔬虛舊約，<small>入都出都俱過東昌境，欲訪宛鄰未果。</small>卅年射虎斷雄譚。<small>乙丑下第後，由水程南返，與保緒同舟。</small>宸京藥榜興京谷，一樣關心少報函。<small>時雲汀師奏請由海道至奉天買米放賑。</small>

雨泊

篷窗聽雨似蕭齋，攤飯攤書日幾回。我已久無佳節感，天如特送旅愁來。孤村夜永雞聲斷，隔岸田荒雁叫哀。咫尺縫帷勞引領，茱萸知亦罷銜盃。<small>謂雲汀先生，時方以水災籌賑。</small>

自清河易江船至安慶艤人餉菊數本對花成詠寄彭城君

籬菊花已繇，作客亦云久。經春忽徂夏，秋色又八九。春明豈不懷，況復集良友。臥聽柔櫓聲，因之念漁婦。會當營舴艋，攜家釣西汛。

我行信濡滯，見菊始驚秋。去年君所栽，開復似此不。及歸花未闌，斗酒宜可謀。薄醉語勞筋，今夕差汝酬。

龍眠亦他鄉，相習遂如故。強顏說歸塗，山靈笑依附。為我謝山靈，浮生本無

住。若待築圃成，秋容復遲暮。

重九日懷濯姬是日為姬二十九歲生辰

聽雨聽風亂客心，快看朝日破濃陰。雨因送喜諧聲好，陶靖節愛重九，蓋以九久同音也。人到歸塗別緒深。除是雙珠能索笑，各邀半月照離衿。遙知籬畔花全放，侵曉來分壓鬢金。謂君孚。

悲湖隄

湖水明如鏡，如鏡復如刀。欲識水底魂，但看水面泡。

烹魚不成湌，推案意悽惻。多恐魚腹中，尚有未銷骨。

長官急築隄，擔土雜婦女。幸未雙行纏，得錢敢言苦。

湖隄急工作，萬燭徹宵分。聽得人聲沸，辨不是秋燐。

卷席持作瓦，脫裙持作帷。全家忍飢臥，差無離別悲。

一器雜菽麥，汲水煮作糜。天陰如欲雨，且願過晨炊。

風景

風景傳聞異往年，綠楊城郭故依然。平田白水猶吹浪，接座青袍半化煙。歲歉難論文士價，俗奢剛歇武城弦。荷花芍藥開都過，獨酌寒泉莫四賢。

寒江孤艇風阻歸程感舊懷人離聲間作

半村黃洵修存所居。初訪寓公廬，照眼先驚絕豔書。四壁皆慎伯保緒書。我有鄉愁饒萬斛，為誰銷剩一分餘。

清絕黃郎五字詩，陶公而外莫求師。修存詩，五言絕近靖節，而歌行好學坡、谷。相思竟夕瀟瀟雨，可復挑燈斷一髭。

下第情懷餞別筵，笑看裘佩尚翩翩。當時與伍松文相謔語。重逢霜鬢君休訝，耐到相思十九年。

殘月斜陽總餉愁，當時金十最悲秋。夜來秋亦留難住，拚借寒潮作淚流。立冬日晤金手山於權署，話舊泫然。

十年漢上罷題襟，殘菊荒園尚耐尋。記得傍花村揚州買菊處。畔路，曾煩馳騎報泥金。慎伯招飲倚虹園，賞殘菊，因觸往事。

反哺禽歸背有霜，寒林今見鶴雙翔。謂亡友遺孤張淮、趙振祚。如何十里橫塘路，纔著徐妃半面妝。

由來韓筆最清雄，序事全追司馬公。若使河漕早相付，可能文史任從容。慎伯近文，多極論河漕之作，而志傳尤工。

絕學無如議禮難，正名我尚未心安。歐陽公與張孚敬，幾使千秋一例看。慎伯近治禮經，所論往往精絕。至云本生仍宜偁父，則未敢以為然也。

此行準擬見周郎，別恨平添一鬢霜。保緒前數日返荊溪。知子之來雜佩贈，翻然為賦隴西行。君悼亡後，以房老攝正室，余至問遺甚謹。

君虞玉骨鎮珊珊，病後猶能譜食單。可惜扁舟不同載，寶山回首怨空還。邀紹仔偕至皖江，以有待未果。

倉猝留賓苜蓿盤，撈鰕市脯稱清寒。河梁不惜忽忽別，一箬春蠶正待澆。及門陳春樓奉檄放賑泰州。

季方交誼亞元方，曾容弟修暢。辛苦傭書漸老蒼。擬製布帆寬十幅，送君安穩詠霓裳。君擬竟輟京兆試，詩以勸其行也。

司寇門庭日影穨，典衣為我勸深盃。金箟伯、改之兄弟。何人更跨揚州鶴，須是腰纏十萬來。

長袖輕裾事事非，寒雅彩鳳總分飛。邢溝王亦無聊甚，待著西方壞色衣。

書帶離離夕照，黃重門深閉鬱金堂。初飛乳燕無春信，還趁東風覓玳梁。

康山全廢況平山，依水名園畫掩關。獨有嶺梅能耐冷，年年風雪見春還。

天寧門外酒旗高，九十詩翁興最豪。揚州酒樓自偁萬梅，皋丈小飲垂三十年矣。不改年時舊風味，車螯湯餅百花醪。

令公威望近何如，萬里蠻雲一鴈無。見說洛陽資勝院，遲公歸作富司徒。

鮑杜風流各一時，傳聞那得有同辭。樽前傾聽揚州慢，可是堯翁自製詞。

舊游隨處一沾衣，茅屋偏逢賞雨時。誰是人間李商隱，十年泉下寄相思。

以下五章皆哭賓谷先生之作。

風雪都門我到遲，蔡公病骨已難支。傷心撤瑟前三日，猶送東坡饋歲詩。庚寅除日，見餉酒饌，囑選客守歲。新正四日，遽歸道山。

雙輪纔去一帆來，朱戶蓬門四扇開。今日掩關方覓句，相公偏看崀山回。

陶寫無煩絲竹聲，寒宵譚藝輒三更。萊公蠟淚誰曾見，燭爐時時趁月行。

獨將陶杜許鮑生，盛譽頻教座客驚。此事恩讐銷不易，本來玉尺太分明。

十五年前別此君，重來剛許讀遺文。座中誰有憐才淚，同我秋原哭鮑墳。悼小
竹也。時公子彥樹輯錄遺集已成。

剛見鴻毛遇順風，浮生似此太忽忽。問天何苦生璚樹，正欲凌雲著土中。彥聞
方以循良受知平權宮保。頃晤修存，驚聞長逝。臨江一慟，不自知其過情也。

朔氣橫江擁客舟，手開行篋換征裘。素蛾偏自憐遙夜，喚起孤眠凍玉樓。

最是身閒意不閒，故人空贈養心丹。得曾容書，極言心死身存為修道入門真訣。荒煙寒日
滄江畔，誰似虎翁睡性頑。

燭爐香殘酒罷斝，秋心多恨劇春心。寄聲德曜卿言誤，遣得閒愁是苦吟。室人
書來，屢以耽詩為戒。

南歸悔趁一舟輕，一日揚帆九日停。翻羨郊祁同下第，謂子久、子期。吟鞭先我到
皖城。

詠蘆花和同年葉筠潭方伯韻

蓼花低亞水平鋪，引我扁舟入畫圖。小艸居然資保障，頃見清河工次積蘆無祘。秋情
從此滿江湖。一官淪落詩人老，匝地風濤釣叟孤。早又戍樓哀管動，燈昏被冷
夢都無。

隋隄三月放歸船，一樣花飛感逝川。故篋空藏歐母字，危橋久讓祖生鞭。伊人
道阻思前約，騎士塗窮話往年。便擬大裘渾不愧，奇溫深護白鷗眠。

寂寞蕪城易夕曛，真州一櫂鎮逢君。乍疑夜月銷晴雪，無分春風撲鬢雲。紙閣
年光從晼晚，滄江秋色自繽紛。論功吉貝知難並，薪米相需定不分。

夢醒方知境已非，家園剛剩舊落磯。悶來欲共丹楓醉，衒去羞隨白鷴飛。何處
璚枝容徙倚，且教苦竹得相依。詩成未忍題黃絹，難保無人著此衣。

詠蘆花意有未盡再和顧晴芬司農韻二首

苦憶樽前玉樹姿，水天渺渺動離思。生來蕭瑟非風起，禁得高寒有月知。到眼
總含招隱意，一篇便抵餞秋詩。苕苕江岸勞相送，任爾吹霜上鬢絲。

園林不分著幽姿，蟹舍漁莊繫夢思。可許芙蓉同入畫，黃筌有芙蓉菱蘆畫障，司農云。
故應魯望為徵詩。採菱尚記茅菴好，蘆墅，吾鄉採菱處。有蘭若幽僻可憩。抽筍何曾燕

子知。若使東廂容葺屋，有人親手擘簾絲。

自題蘆花詩後

秋來詩思滿天涯，寒色蕭蕭雁字斜。驗取孤舟情緒苦，盡拋心力寫蘆花。

酒徒相見尚青眸，詞客重逢半白頭。_{謂邗上諸君。}偏是蘆花能惜別，揚州相送又真州。

羈懷暫慰是新晴，怪爾通宵作雨聲。我待潯陽江畔住，聯牀從此許同聽。_{秋初即馳書粵東，促劭文先至貴溪相待。}

一枕霜風咽暮笳，曉來蘆荻更橫斜。不煩重點秋人鬢，春鬢先經著柳花。

臥來無夢起還慵，盼到江隄夕照紅。此際篷窗關不住，輕寒耐盡荻花風。

何人論定三分月，獨許揚州占二分。一片蘆花數行鴈，祗應多得是斜曛。

未空色相搃關情，獨客閒愁百種生。豔絕水濱花一穗，分明窮巷見傾城。

一尊早晚賞唐花，分韻裁箋逸興奢。應笑孤行張叔夏，折將蘆荻寄京華。_{時寫此詩寄都門朋舊。}

語雁

一繩低趂暮雲橫，為汝重傷去國情。顧影大都驚瘦損，攜群差足傲孤征。水行地上聲初靜，谷入冬來價漸平。飽食安眠宜可待，且隨戍火守寒更。

舟中望燕子磯

容易寒江起暮煙，凌江一燕自翩翩。淒涼道路經三月，眊眊情懷憶往年。倦羽知營何處壘，新詞曾壓昔人箋。柳昏花暝渾如夢，卻到回思盡眼前。

早發龍江關

日日西風不放行，今朝帆影看分明。客因家近心逾急，船載愁來吏免徵。白髮漸生思採藥，碧紗無分護題名。_{甲寅八月，遊永濟寺，題詩壁間，有「不妨江燕輕飛起，載我高吟上九天」之句。全首不復省憶矣。}桃根怪我忽忽甚，翻擬親為打槳迎。

過和州懷孝逸用儕嶠集中與君唱和舊韻

一昔豐城劍氣沈，毛生捧檄負初心。最難下吏逢青眼，_{嶰筠中丞、讓盧方伯俱以良吏目君。}方擬換官懷寧，而君遽攖末疾。欲與何人共綠陰。_{君故宅未贖，不知歸居何所，令人}

懸懸。浮世虛傳持健藥，此身本是半燋琴。惜才傷別無窮意，持較滄江孰淺深。

江岸賦寒柳

道是春殘歲亦殘，青門一別又江干。年荒幸保蒼皮在，我意還將翠黛看。盡有釣人叨蔽影，不須梁燕見禁寒。忽忽略說隋隄事，漸欲添薪到畫欄。

司李悲秋舊有詩，秋光正爾繫人思。即今江岸停舟處，已後官齋刻燭時。相賞定無前度客，如君即是後彤姿。此間大好稽康鍛，<small>謂湯天池鐵畫。</small>試輳松枝鑄柳枝。

拔白

引覲賢良門，鬚白不敢拔。此尚欺君親，他事可勝察。南歸悔借帆，西風日排闥。初猶事吟諷，漸至厭簡札。偶援陸展例，聊補王褒約。呼僮使芟除，俾汝任討伐。摘瓜須抱蔓，薅草必去茇。矧茲非種鋤，實坐亂行殺。居然誇健吏，出手擊大猾。庶遂良苗生，無慮伏莽發。諸毛悉奉令，一懲當百罰。快若宿疾捐，欣然笑口豁。孰問詩翁年，長鬚三十八。

客路

客路風多阻，寒閨日易昏。經年不著粉，持底驗啼痕。

題甘亭遺集

窮達各有際，君窮古所無。棲禪浮世盡，戴髮一僧枯。墨海源將竭，蓮池境亦誣。平生兩知己，<small>謂胡、曾兩中丞。</small>曾否見泉塗。

與漁媼問答有作

十步五步一草篷，抱兒挈女篷之中。大江魚鰕定不乏，怪爾十網九網空。米價初平亦須買，魚來不來寧可待。答言今日已作炊，漁翁食畢換我歸。客心勿念艸篷惡，我不為魚願已足。鄰里逃亡半未還，知在野田何處宿。

發銅陵

枕畔一雞鳴不已，船頭呼聲應船尾。北風獵獵吹布帆，望見日輪三十里。江程遲速會有時，今日順風昨不知。人生遭際顓如此，事前何必心然疑。

自安慶之官貴溪留別嶰筠先生

江天突兀見皖臺，到此羈懷許暫開。久客地如家可戀，長塗人與鴈俱來。傷離強說春風近，小住先驚夕照催。約略香山詩境在，荻花楓葉待低徊。

寒旐遭遇定無論，纔著清霜又報春。屬吏重來成上客，災年即我是流民。_{江北方被水，而繼輅家累留皖，備叨存卹。}官因特薦塗非雜，詩許新吟格漸醇。_{師謂繼輅詩與年俱進。}幾輩同時文學掾，循資猶自感沉淪。_{於庭、小宛、敦原諸君尚守常調，惟繼輅以專奏，先得真除。}

北海書成轉恨遲，一簾秋雨製春詞。_{集中風箏詞，蓋為繼輅寓感之作。}聽箏為灑流年淚，攬鏡猶誇絕世姿。意外應劉悲永逝，_{謂異之、子衡。}眼中籍湜最相思。_{謂伯言、湘帆。}期公消遣閒哀樂，憂國年深鬢易絲。

沿江堠火護宵征，野宿無煩打鴈更。河內開倉寧待請，寇君治盜不須兵。及門疊召延英對，_{師所薦牧令劉君耀椿、朱君士達、周君天爵、張君文鳳、舒君夢齡並蒙召見口。}專闡仍饒秘院情。且未兼圻隨眾祝，故鄉長見報安平。_{上知師原籍壽州，特論不必廻避。}

東接三衢北九華，彼間風土有人誇。如何青史無名士，卻讓黃冠號世家。香艸難求姑採艾，良苗可玩勝栽花。勤耕向學區區願，曷稱先生屬望奢。

曉發安慶一日抵馬當洲晚泊

攜家纔發皖江濱，轉覺舟中笑語親。相約明朝都早起，小姑眉黛已窺人。

張新建同年湄虎丘春泛圖

領取芳洲杜若香，生綃仿髴認橫塘。春波怪底如緜軟，半繞柔鄉半醉鄉。羈宦情懷最可憐，蘇臺一別十三年。只應無恙生公石，未趁東風化莫煙。

崇百藥齋三集弟九

蒻溪集 壬辰癸巳

題貴溪志

白紵新詞綠綺絃，溪光山色鎮爭妍。如何方志傳名宦，斷自乾隆十六年。

山行口占

五月蒻溪未有詩，簽官廢學竟如斯。筍輿侵曉迎涼坐，剛是吟魂欲返時。

細研金碧畫屏風，夾道濃青間淺紅。出得縣城無十里，此身已在萬山中。

石磴千盤斷復連，肩輿一步一遷延。前驅瞥見春旂影，早共閒雲到半天。

望見炊煙覺飯香，山田早稻已登場。放晴纔畫通明諾，又乞秋霖插晚秧。<small>求晴甫二十日，又擬求雨。</small>

漫擬劉郎賦曉行，宦情笑我雜鄉情。山靈猶恐驚秋慣，禁住秋蟲第一聲。<small>是日為七月朔，尚未聞秋蟲聲。</small>

聽訟方知無訟難，炎天日日正衣冠。乍來蕭寺披衿坐，便作湖灣消夏看。

屋小如舟稱釣徒，<small>署舍西偏有小齋，兩面皆窗，余署曰小天隨吟舫。</small>疏簾清簟未全無。兼旬不分舟中坐，卻趁鞭絲入畫圖。

病起值七夕

移陰衹覺忙來速，佳節剛從病裏知。幾片閒雲半規月，年年涼夜倚闌時。

喜雨

處暑熱轉酷，火雲燒山城。平田折龜兆，晚稻猶青青。忍死不肯枯，似待甘雨傾。我師繁露法，求禱苦不靈。一日至五日，日色逾光晶。六日雲油油，頗覺涼意生。七日始飄灑，欲雨如未能。或言七星巖，有井聯七星。汲井得水族，是即龍之精。迎歸試申禱，當鑒明府誠。聞言信不疑，此事非無徵。城南多峻嶺，石磴盤崚嶒。肩輿不得上，令尉皆徒行。願體蒼蒼德，救此蚩蚩氓。果然一介物，爬沙入銀瓶。前導旗五色，高築臺三層。僧眾複道眾，合諷所習經。縣胥及營卒，吹螺擊銅鉦。喧闐三晝夜，稍稍達龍聽。忽焉起煙霧，忽焉驅風霆。臺前萬屐齒，和此撒菽聲。日中逮日晡，喜極翻成驚。馳遣問四鄉，湛恩悉欽承。何乃太神速，慰語恐過情。答云得雨後，山水如懸絚。所積遂已多，溝澮皆滿盈。聞此乃大慰，拭目新穀登。貴溪民氣漓，殉財不殉名。死父居奇貨，誣控呼公庭。屍蟲出戶外，未見額泚零。生妻悲覆水，道旁棄孩嬰。金盡輒求益，操械相鬩爭。神怒降凶年，譴罰理所應。移俗長官責，中夜心同榮。懲之詎無術，我性非鸇鷹。即茲消亢旱，天意彌可憑。赦罪更錫福，惡惡終從輕。厚培四民秀，嚴定役刑歲。計或有餘日，課亦有程幸。得免徵調，庶望三年成。

山行待燭久坐

籠燭苦易殘，露坐秋氣警。掣電時一明，照見萬松頂。

迎長官泊舟河潭浦竟日不至

呼僮攜襆被，言就小舟臥。舟行人不知，卅裏夢中過。河潭浦口松竹饒，縣境已盡停雙橈。天上旌旗久未下，坐看黃葉風前飄。曉禽毛羽似相識，見爾出樹仍還巢。斜陽衰草秋無際，心感長官知客意。漁家生小習菰蒲，留汝溪頭一日憩。溪頭村店酒亦清，恨乏秋士楢同傾。鷂溪何止無秋士，九月不聞絡緯聲。尋秋漫說江鄉好，買菊採菱前伴少。醉來讕語謝監州，甘為持螯去官早。_{貴溪無蟹。}

河潭浦對月 展重陽後三日

倦來常早息，殘月見尤難。此夜明如許，高眠意未安。灘聲聽激宕，竹影逼清寒。得句無人賞，題箋付汝看。

繡觀音一首為朱大令錫均亡室王夫人作

繡觀音，觀音知妾心。不祝長年祝解脫，前身本是伽陵禽。伽陵那得雙棲慣，一杵清鐘妙音散。剩有蓮臺滿月容，曾施蘭若當風幔。唾絨窗下午陰遲，畢竟留將未斷絲。憔悴易驚潘岳老，神情猶有濟尼知。絮泊花漂經幾載，針聲燈影依稀在。果然合浦有還珠，不逐罡風墮塵海。塵海蒼茫摠可哀，珠光亦是劫中灰。何如玉貌生天去，七寶闌邊相見來。

流口雨泊

餞秋情緒頗忽忽，又放輕舟到縣東。十里溪流分弋貴，一山霜葉問青紅。屢煩父老攜芹獻，賒願兒曹折桂同。是日，迎謁廖儀卿糧儲，索江南題名錄不得。向晚歸心留不住，雲灣煙雨接冥濛。

詣文坊勘獄輿中得八絕句

來去剛偷兩月閒，肩輿趺坐抵禪關。一痕淺黛疏林外，知是秋云是遠山。

下山如俯上山眠，一線盤蛇接遠天。風定濃雲飛不起，裹將濕翠撲吟肩。

山家日出動炊煙，共說秋成勝去年。最是綠蘿情意好，自來補屋不須牽。

一枝霜色鴈來紅，佛手香清柚子濃。不道入山春正豔，沿溪卅里看扶容。

呂端小事戒分明，轉恨鄦溪水太清。籬落有花堪對飲，更無鰕鱓到山城。

江鄉此日正持螯，三李差肩輿尚豪。謂申耆、心陔、紹仔。若使鄦溪通笠澤，一帆便擬放輕舠。

小同連日有新詩，一種蒼茫望遠時。待得買山歸計定，多應汝亦鬢添絲。

詞客原非理劇才，勝情鎖盡簿書堆。似聞猿鶴私相語，雀鼠一呼君便來。

復自文坊至花橋道中作

閏秋濃露未成霜，春樹纔飄幾葉黃。石磴疎花都引蔓水，田晚稻又登場。相期善願消豐歲，最引歸心是夕陽。若許買山間種竹，也應不減蜀中桑。南鄉多竹，山民以造紙。

宿花橋

眼底分明宿霧開，斜陽衰草此徘徊。惜無僧寺堪留住，行館甚湫溢。卻似吾廬已暫回。吾鄉亦有花橋，在敝廬西南十許步。淺水忽噴三尺瀑，小松全點一山苔。年豐畢

竟人情好，父老爭攜雞黍來。

喜趙孝廉穎自合肥來謁因寄同學諸君

皖臺一別又經年，客燕營巢耐屢遷。結習愛稱前博士，此來敢媿族先賢。城低不掩山容好，霜重翻增樹色妍。多感澡湖舊游伴，片帆飛破葛溪煙。

君家咸籍司訓對澂、明經彥倫。最相思，稍恨書來不寄詩。贈別語言勞序述，重逢要約總支離。名經幅幅從遊少，連得南北鄉試題名，及門獲雋者惟張生爾琪一人。拙官勞勞作答遲。但問浮樝山上月，年年見我鬢添絲。

舟行即事

勞勞渾自笑，行役是閒時。久拄看山笏，還傾賞雨巵。裁箋遺遠道，倚枕得新詩。柔櫓知人意，迎風作計遲。

遊龜峯瑞相寺並贈寺僧寶松

登陸即見山，山平徑猶直。溪橋隔仙凡，稍覺石磴窄。數轉入霜林，豔奪萬花色。林外七八峯，峯峯間肥瘠。覿面復何如，相背已奇特。捨輿亟徒行，禪鐘正招客。

蕭寺四無鄰，群峯擁其背。山僧導客遊，頗復工應對。一峯輒一名，取象亦云類。豈知徑一轉，即又失故態。朝暉非夕陰，何因得雕繪。

峭壁忽當路，下有竹萬竿。草花不知名，顧影矜清口。展茵倚竹坐，積雨灑我冠。左盼右復招，四面圍煙鬟。得置一金屋，足廢千嬋娟。奈何處幽僻，蹉跎結新歡。由來絕世姿，窮巷性所安。

吾友張志和，湄。夙昔習游釣。為我說此山，勸我即登眺。今來證君言，覺未盡山妙。山奇不在高，離立見孤峭。應識遊山人，稜稜骨猶傲。

雨過天氣佳，無風亦無日。坐久忘朝昏，愛山願歸佛。僧言最高頂，有路可攀越。惜哉濟勝具，非復舊腰膝。即事感遲暮，因之惜離別。來飯香積廚，相期春筍苗。

山僧吳下至，曾艤蠡河艇。一水復一丘，所歷悉真境。因君話瓢笠，悲我去鄉井。汲我惠山泉，煮我蜀山茗。我歸君倘來，茲遊得重省。

初冬以事上郡舟中隨筆

舟輕水淺出藜溪，溪上雲鬟向客低。忽倚篷窗動歸思，霜林深處午雞啼。

弋溪得雨後藜溪，一色青青麥種齊。更得明年炊餅大，不須苦憶蠏螯肥。

誰家水碓轉風輪，激得恬波瀉水銀。一夜聽泉兼聽雨，分明人住漏湖濱。

一路波光綠上窻，弋陽江接上饒江。玉山橫插真多事，不放船通七里瀧。

夢影依稀化暮雲，遊蹤處處黯離魂。怪他衣上江州淚，不掩杭州舊酒痕。

一樣開奩曉鏡圓，分無豔影照嬋娟。何當逕趁秋潮長，喚取江山九姓船。

我怪茲鄉水太清，生來兒女總無情。卻看白鷺雙眠穩，不作林鳩逐婦聲。

朝來煙雨更凄迷，催我開箱換袷衣。寒竹伶俜溪水瘦，讓他一朵濕雲肥。

河口虛傳百貨羅，我無餘俸枉經過。只除竹榻頻教買，近日鄉音聽更多。

亦有茶山郡治東，吾家故事煮茶工。粗官縱使無鄉思，不奈山同姓又同。

如此清流孰命名，山君威望旅魂驚。<small>向聞蘭雪談老虎灘之險。</small>閒鷗知我機心盡，來與輕舟結隊行。

聽談蔣徑使人愁，紅雪全銷鎖畫樓。記與樓中人別處，青門衰柳不勝秋。<small>悼藕船也。</small>

風阻改道詣郡

到郡百里近，朔風忽作劇。曳縴與風抗，步步頭觸石。僮奴勸陸行，發晨期抵夕。是時天驟寒，登車意不懌。道旁一老翁，趨前問行客。君今何所事，毋乃太促遽。請命或為民，年豐鮮菜色。伏莽有急捕，齊民久肉食。君果何所事，為是不遑息。盍不艤船待，坐看晚風寂。我聞無可答，惘惘面生赤。揮手別老翁，縱目送歸翼。

自郡還至鉛山道中作

行入疏林日幾重，霜華渲染比春濃。最宜省過輿中坐，或有畸人意外逢。斷岸昨看帆出地，平山偶借塔為峯。此來莫笑趨塵急，隨處尋秋策短筇。

江西船不施窗小有風雨即終日暗坐戲書遣悶

青山窺客若為容，盡日孤篷燭影紅。攜得布簾成底用，只遮曙色不遮風。

雨絲風片過蘇臺，手拓文窗四面開。除是臨川老詞客，煙波曾見畫船來。

移榻小天隨吟舫招山妻茶話

一竿家業抵長鑱，浩蕩鷗鄉接枕函。此日暫容憑畫檻，幾時真與掛歸帆。船施雙櫓迎嬌女，屋讓西頭住阿咸。若使婦言能早聽，廿年前已製荷衫。

秋容後二語十月初七夜夢中作足成一絕錄之

秋容似我鬢全雕，籬角溪頭總寂寥。驀地一花驚照眼，風輪不住向人搖。

聽雨

簷花窗外急，麥浪意中看。不經望雲苦，焉知得雨難。漸期銷薄俗，相與飽晨湌。庭草行將長，歸思為少安。

出城

出城煙景便冥濛，水漲雲低一望同。十日細飄滋麥雨，半簾全隔過溪風。瓶花蕉萃香猶在，瓶中插菊一枝已逾月。林鳥鈎輈語漸通。貴溪土音極難辨，頃始辨之。莫悵吟成無與賞，分明側聽有鳧翁。

自早禾阪至半山

古樹忽橫路，輿阻不得前。徒行石磴滑，且喜扶杖便。步步握竹行，宿雨灑滿肩。霑衣亦忘瘁，樂此山色妍。濕雲飛不高，鬙鬤連炊煙。時時見修蛾，窺客青鎖間。

山溪多積水，雨後水行速。一石橫阻之，隨處起飛瀑。清音值煩衿，陶寫勝絲竹。我附山家眠，終夜聽未足。俗塵吹不到，燭焰亦成綠。且自息勞筋，還輿仍此宿。

雨甚宿半山冬至前一日

半山山半宿，聽雨不知更。曾是忠之屬，徒雲獄以情。矧茲多悍族，何用副虛聲。土民為上慈父嚴師堂額。一歲最長夜，衾溫夢未成。

還輿得近體三韻

冬半寒猶淺，村居盡啟關。濕餘侵曉霧，峭減近城山。喚渡不須急，溪邊有白鷳。

魯博士頌招飲值大雪竟日

賞雪分羊炙，開門對象山。萬花雲鬢重，一座鬢毛斑。雅集消寒始，鄉心逐酒還。博士出福貞酒飲客，余不飲此酒十四年矣。閒庭莫輕掃，聞已數年慳。

經月不出城霜葉搖落盡矣

沙隄一片夕陽殷，隄畔人家早閉關。羈宦心情驚晚歲，故交鬚鬢感寒山。放晴溪水如分暖，耐久秋容亦易屏。且喜明年花事早，十三圓月照春還。今年遇閏十二月，十五日立春。

雪中詣童家阪

蘆剛飄絮柳飛緜，粉幪平添竹樹妍。只有寒溪能影碧，全收疊嶂上遙天。正憐倦客吟懷減，張亨甫自京還閩，過訪，留一宿去。是日，得其塗次手書及詩。翻詡粗官眺覽便。接壤棠陰無恙在，願分甘雪靖烽煙。先君官閩中最久，時聞有警。

病榻即目

重重銀蒜總低垂，臥閣窗餘一扇開。忽見遙天雲徑尺，侍兒剛汲井華來。

病起

新月招人一倚闌，心閒便作故鄉看。悶來忽覺為僧樂，臥久方知特將難。除卻慈闈休說病，生憎俗客頌遷官。營營白鳥紛無數，肯為氷肌略減飡。

塘陂晚歸

全掩衣衿扇罷揮，晚風先欲送秋來。分明一度遊山去，背了斜陽向月回。

詠篋

勝斿何人借席前，竹奴辛苦自年年。攫來徒飽老饕腹，失去須防宰相筵。細數九能文字貴，幾家五鼎子孫傳。病餘我正腰圍瘦，為爾停盃一泫然。

即事有作寄劭文粵中

病訊遙傳一道驚，先生計日返瑤京。幸無他過瑕堪摘，夙抱幽憂謗易成。豈有淮陽資臥治，本來諸葛是虛名。迷津盡處神先告，導我歸心浩蕩行。
較量仕學孰為優，出處安能再不謀。官事敢如強弩末，鄉心頻觸大刀頭。郵鄰

諾謝來年責，知己恩期異世酬。謂舉主雲汀、嶰筠、春塘、讓盧四先生。書在腹中裘在體，
苦無奇石壓輕舟。

張真人招飲出觀陽平治都功印索詩

樽前拭目見盤螭，私印公符未可知。一角不隨秦璽折，千年如見漢官儀。僑居
竟作名山主，貸帑新修太乙祠。時奏假戶部銀二萬兩葺上清宮。逸事流傳都讕語，傾心
久已重儒師。堂額朱子書，意極矜重。

崇百藥齋三集弟十

息陰集甲午

抵會城柬張吳城

乍來塵海閉門居，剛得休官樂有餘。稍恨江城端午近，沿江不見賣鰣魚。

君孚初度寄此四月二十日

嬌女門前悅，衰翁袵後冠。舉家清似水，此井不生瀾。曲檻留春在，荒塲選佛闌。望中芳草色，已作故鄉看。

病夕示濯姬

夜氣蕭寥萬慮休，餞春如昨訝迎秋。一燈焰壓三更雨，孤館涼生五月裘。贈藥故人尤惜別，塗遇夢白方伯，餉人蕧、桑寄生。借書誤字尚能讐。時屢向張吳城借書。朝雲無寐尋常慣，茗盌金鍼捻未收。

長沙公惜余之去往復勸勉感而成此次前韻奉寄

病骨勞筋急小休，歸期約略已經秋。舊書自檢昌黎集，行篋仍攜晏子裘。只此直躬從毀譽，敢將曲筆快恩讐。先生未覺田光老，慙愧荊高一例收。

午日示濯姬再次前韻

歲時荊楚事全休，罷賑江城冷似秋。艾虎為伊驚曉鏡，鰣魚催客典征裘。官因

病謝非人忌，才逐年鎖豈命讐。暗祝吉祥吾具曉，方書藥裹一時收。

有悟三次前韻

六十衰翁萬事休，怪伊眉宇尚橫秋。是日畫一小像。相依為命惟頑硯，如此還鄉愧大裘。傷別傷春都夙孽，憎蠅憎鼠自尋讐。緇衣巷伯平生誦，手檢詩篇次弟收。

雨中登滕王閣懷舊有作端午後三日

倦讀離騷斷酒杯，一簾風雨此徘徊。危闌恨不凌江起，高會還思滌硯來。土賤從譏無器識，才難偏易委蒿萊。眼中望斷東山路，懷抱何因得便開。

夢太孺人

兒已辭官矣，行歸守墓田。苟完新燕壘，無恙舊蟬編。遺訓差無背，孱軀乍息肩。客窗燈火影，一一記從前。

夢舊居

遺宇柴桑盡，清河老屋空。何圖殘夜夢，親切見房櫳。奩具平生在，丹青無此工。不須疑幻境，終得侍幽宮。

答謝張吳城餉鰣魚

先生前身張志和，家有雨笠兼煙蓑。卅年為吏墮塵網，西塞築室成蹉跎。賤子與君同世業，三萬六頃饒煙波。惜哉漁具亦殘廢，彈鋏翻效馮生歌。藕溪溪流太激蕩，水清不奈無魚何。宰官似諱肉食鄙，烹蔬往往如頭陀。孱軀漸苦簿書積，今年腹疾非傳訛。去年或妄傳余病，請撤任，未果。烏紗籠頭魚貫柳，銅章脫手龍騰梭。頃來會城節物好，鰣魚入市文鱗瑳。君言加飡須努力，欲以美膳消沉痾。千錢一尾劇珍貴，筠筐手覆田田荷。感君厚意酌蕉葉，攬鏡不覺顏微酡。君不見晉人讌客重子鵝，道和乞炙傷坎軻。又不見杜陵野老重王倚，麟角鳳觜為吟哦。人生口腹亦細故，紛紛恩怨何其多，作詩一笑君毋訶。

示聰應三首

箖楚堂前令，樗蒲身後資。信知為吏拙，況是得官遲。貧薄安吾分，艱難望汝知。負薪須健力，勿誤惰勞時。

吾年二十六，饑鳥始辭林。相國方持節，中丞最賞音。疏狂寬禮數，文采重登

臨。廢學憐伊早，艱哉返哺禽。

匡居思濟物，初念未全誣。捫心一善無。詎堪泉水濁，所恨福田蕪。貽汝慙餘慶，兢兢涉坦塗。

夜起讀書

夢醒筋骨痛，呼婢扶我行。還坐展書讀，即有故人來送迎。故人非今亦非古，夙昔相邀傾肺腑。卅載心情共酸楚，一日何曾間風雨。小窗紙薄生微明，此時萬慮胸中平。白晝詣人不稱意，臥看樹影橫空庭。

曉枕聞雨聲作

荒城米價那能平，前日江流已入城。正擬呼僮問晴雨，隔窗簷溜又聞聲。

夜坐示濯姬

本來性喜坐嚴更，病裏尤貪夜氣清。雙影傍人成旖旎，孤燈於客最分明。征鴻得食羈棲久，客燕將雛歸思生。隱約隔窗風色冷，蕭蕭蒲艾動秋聲。

室人攜兒女至

知我辭官決，歡然促理裝。此來仍是客，卻已似還鄉。稚子投懷笑，山妻瘦面光。那能無聚散，悲喜略相當。

鳴鑾路

神道金陵遠，宸遊輦路荒。長春虛頌禱，失國太蒼黃。洗面降王淚，愁眉病後糚。尚餘文采在，曠世感滄桑。

百花洲

地多車蓋少清遊，訝許蒼茫豁倦眸。芳樹成林全拒暑，小亭臨水易迎秋。平分煙雨滄江近，極望旌旗夕照收。今日正宜勤講武，頻年閩粵動邊愁。

憂潦

病榻不成寐，簷花著意聽。頹風從醉竹，積水已吹萍。烏兔無來影，雲山失遠青。何時延霽色，手自啟疏欞。

孤館絕過從，羈懷自鬱陶。櫺殘無賸火，松老起驚濤。米價朝朝長，江流日日

高。神靈意難曉，誰與問天曹。

大府抱痾久，_{時周中丞之琦寢疾在告，司道以次代理兩月矣。}群公屬目同。由來無善政，所望格蒼穹。理學家聲在，委蛇吏治窮。官清天亦朗，一笑豁雙瞳。

趨市喧爭渡，晨炊待裹糧。尋常艱負戴，飢困激強梁。水濁蛟鯨起，倉空雀鼠忙。旌陽舊仙令，急望降麻祥。

顧我三年久，難期一字褒。閒中游客舌，笑裏上官刀。多累何嗟及，微權不自操。即今方戢影，誰識客心忉。

懷小隱岩

貴溪小隱岩，一簇見雲樹。尤多杜鵑花，花光欲爭曙。云是夏相國，少日讀書處。出城不數里，徑往可徒步。前人別集中，往往有題句。賓從直暇日，紛然挈茶具。歸來向我言，秀野愜幽愫。辭官來章門，忽憶清遊誤。荏苒歷三歲，蹉跎凡幾度。方知猿鶴性，久為簿書錮。宦味仍淺嘗，雅興媿浮慕。專營念不及，處靜發深悟。因循豈一端，去住況多遽。夙願誠無奢，積痾已成痼。跼蹐一室中，何由遣遲暮。

鯗鶴十六韻

鳥鼠聞同穴，禽魚豈易形。何人假毛羽，竟爾託仙靈。顧影矜丹頂，牽絲傍綺櫺。神山誇接翼，道院乞修齡。鳳翥知何在，龍眠或未醒。下流方沮洳，高視眄青冥。漏網逃吳炙，乘軒覬衛庭。鶃長偏縮項，尾禿強梳翎。詎引三年吭，能遺萬古腥。膏腴仍在腹，文采如開屏。助謟籌添海，偷光草化螢。釣鼇猶有餌，相鶴更無經。腐鼠休相嚇，翔鵷不耐聽。那能馴浩蕩，長此步伶俜。樹古營巢易，天空放眼青。流觴蒲酒便，且與祓漁汀。

寫韻軒

言尋寫韻軒，軒中人已往。豔福眾所羨，雲山入遙想。浮世衣食難，旦夕各有營。下至禽與魚，何一非勞生。神仙吸風露，無事養口體。乃其入道初，汲汲計薪米。中婦年三十，新婦二十餘。習惰令人弱，官廨非久居。

琵琶亭

詩人感所遇，懷抱欲陶寫。設境制新題，消此淚盈把。千秋長門賦，復幸事亦假。樂天昔送客，聞絃賞清雅。移船遽相邀，流連燭再炮。毋乃太通脫，仙吏

自瀟灑。吾意實子虛，文瀾借傾瀉。掛帆翳何人，名氏孰知者。安論商人婦，齒長貌非冶。煙波起暮愁，空江日西下。

憶署舍荷花

手蒔方塘紅藕花，年年花發映朝霞。今年花發人先去，卻憶官齋似憶家。

連日大雨傾淋浪，平地水深三尺強。多恐水深花葉短，和花和葉沒中央。

喜晴

中丞視事雨聲止，野客孤吟愁緒刪。但願兼旬見紅日，不妨避暑少青山。

夜起

三更月上牆，一樹花弄影。疏風生夜涼，羈心覺秋警。澹澹爐香殘，栩栩蝶夢醒。空庭獨徘徊，流螢墮衣領。

里中朋舊徂謝惲潔士孫於丕張翰風丁若士蔣小松半年中皆已下世自顧衰病過從寥落歸期漸近愴然成篇

誰從天際識歸舟，門巷條條有別愁。白苧才名都後起，碧紗詩句半存留。重尋許負迷前肆，欲訪巴童話舊游。見說並無華屋在，聞世家第宅多已易主。枉教慟哭過西州。

歸田園居並序

　　　　初去官作，襲陶公題，非擬陶也。時尚僑居章江。歸之云者，

　　援去官為辭，凡得十五首。

去官復苦閒，遣日資卷軸。舊書雖無多，衰年此亦足。一覽輒生倦，百回不厭熟。熊掌誠可貴，羊棗嗜所獨。前聖菖蒲葅，後聖詎充腹。人各有性情，安能徇群目。

雨霽時令正，溽暑乃所宜。披衿坐當窗，疏簾入輕颸。一月不衣冠，血脈充四肢。臂痛忽已愈，行步猶恨遲。勿恨行步遲，無事煩奔馳。縱使腰腳健，汲汲將安之。

泉明苦貧乏，且欲託絃歌。人人挾此願，大半成蹉跎。我今垂橐歸，何用資牽蘿。豈曾勤撫字，又復拙催科。坐食敢豐腆，一飽期無他。妻孥嚴約束，漸已習綺羅。行歸事春汲，不任當如何。由來慎所染，終悔一出多。

學稼誠亦難，學圃差應易。言歸思種蔬，亦是終歲計。早非復晚菘，飽食宜可繼。喜聞所賃屋，旁舍有隙地。吾將鋤春泥，野興此焉寄。

達人外形骸，裸裎非所惡。儒行戒矯激，棺槨有常度。章江多佳木，堅緻飽霜露。去官一事無，爰作戢身具。攜歸置祠屋，需用從且暮。一臥五百年，墓石出幽錮。鬱鬱平生心，與君結良晤。

俗士慕軒冕，高士慕神仙。神仙何足慕，所慕在長年。恒幹有終委，浮榮同屢遷。二士持相較，未知孰為賢。金丹無真訣，黃庭亦陳編。等是草頭露，強駐風中煙。此念即貪愚，奢願思回天。留傳信多術，徒擾食與眠。

蘭本出塵姿，素心氣逾靜。微香吹晴絲，默對一時領。著意尋仙蹤，步虛已無影。一叢手所植，頻年茁新穎。因之滌煩躁，期與共清冷。附者行色遽，家具束俄頃。獨汝乃見遺，瑤華夷斷梗。即事驗雅俗，閒坐聊自省。

病榻恒蚤起，晨光何霏微。坐聽鳥聲喧，知汝不苦饑。荒城菽麥盡，汝食安取資。我已謝薄祿，寧免朝飧遲。故鄉歲亦歉，斗米費不貲。僮僕竊非笑，親朋互嘲譏。徒云還家樂，毋乃非其時。

利濟乃本懷，恬退詎所慕。歸心一以動，夢寐見鄉樹。丈夫成功名，亦藉豪興助。投閒值炎熇，袍韡久不禦。因之憶往歲，險絕嶺西路。上山三十里，赤日正空駐。欣然見嘉蔭，徑仄不可住。即境成天淵，辭官信非誤。

風人感入室，行樂當及時。樂生於有好，無好樂事稀。名賢耽褻戲，我拙憇昌黎。斷酒二十年，久忘竹與絲。際此夏日長，遣悶惟賦詩。詩成自吟諷，不覺庭陰移。陶杜去千載，我日接容儀。安知後世人，展卷不我思。賞音諒有待，對面難可期。

別集排滿架，遍讀昔未能。今茲無一事，欲藉銷炎蒸。展卷未及半，昏昏如宿醒。君意定何在，吾心忽無恒。如是易數家，仍覺兩目瞢。還邀舊來客，相與共殘燈。

猛志思刑天，孤心抱精衛。陶公題山經，辭意最悲慨。懷憤亦已久，積愫庶一快。如何錄首章，餘篇悉刪汰。歎息知音難，昭明猶憒憒。安論耳食徒，沖澹並一喙。陳思此嗣音，步兵特儕輩。壯哉黃涪翁，別創西江派。

陶詩讀已竟，復讀少陵詩。本云溫故業，乃更得新知。箋注屏穿鑿，稱譽嗤浮辭。天開儼雲臥，妥帖初無疵。因文測形似，點竄成支離。下士怵盛名，淺人

困深思。徒求託門戶，曾未窺藩籬。寥寥宋金元，伊誰實相師。

戒殺非吾感，雞豚性不嗜。炰茄及烹瓠，乘時各逞味。我食僅勺米，五鼎亦虛置。安用羅腥羶，損此好生意。殘年復幾何，飽飯尚云易。

昔為罜駕馬，今作在家僧。每當官事畢，枯坐無可營。親朋少情話，中圭不聞聲。惟有兩小兒，跳躍時取憎。此豈耐繁擾，此豈習送迎。喘牛困負重，病鶴懷蓬瀛。牛困在筋力，鶴病傷性情。亦匪入官始，久已亡吾精。一讀五千言，唏噓念平生。

擬少陵秋詠八首

天河

銀漢迴蒼蒼，誰云渡有梁。人心怨牛女，天路問滄桑。水患三年久，江城萬竈荒。塞流先上界，急詔謹宣房。

初月

窺林見新月，臨檻上簾鉤。能畫相思影，平含萬古愁。征帆江上艇，長笛水邊樓。從此悲搖落，伊誰始餉秋。

擣衣

唐代多軍事，深宵怨擣衣。府兵征戍急，征婦會夫稀。平世無攻戰，詩人絕剌譏。正宜勤浣濯，邀伴上菭磯。

歸燕

秋燕去為客，何應說燕歸。關心看故壘，流影斷斜暉。憶卷湘簾待，銜將花片飛。知余最傷別，春約莫相違。

促織

微物不虛生，能教懶婦驚。偏悲舊機杼，無復傍窗楹。愛汝鳴聲好，使余魂夢清。分明種蔬地，瓜蔓見縱橫。

熒火

月色不到處，孤飛見一熒。似窺華燭短，未遣夜珠驚。風院憐低影，霜隄仰獨行。江城方苦雨，借汝賦新晴。

蒹葭

蘆荻莽蕭蕭，江隄暮色遙。但教資爨火，豈敢惜飄搖。比歲多霪雨，荒城入早

潮。新芽都沒盡，不得望秋凋。

苦竹

苦筍不入饌，堪憎匪自今。一般能卻暑，且喜易成林。小鳥自棲息，空庭孰淺深。種松吾老矣，付汝歲寒心。

題帶經堂詩

手排別集滿前楹，忽展公詩眼暫明。苦為勝遊師鮑謝，不因盛譽誤公卿。飴山抵死偷聲律，倉叟何言少性情。憶放濯纓湖畔棹，憐才重友感平生。

清操

清操終慚出槩氷，置身通介兩何憑。本無私餉來昏夜，亦有餘財散友朋。因熱未辭同舍金，分光屢借隔牆燈。孤寒回首饑驅早，奚止豬肝負愧曾。

寄申耆

李侯靜者意如何，我已辭官病不訛。半事未成衰老至，百年有幾別離多。平心漸已忘憎愛，貞疾差無廢嘯歌。料得我歸君破例，入城一度許經過。

朝晚納涼辭

碧樹一雞鳴不已，似為主人警晏起。主人多暇方閉關，新來睡性頑復頑。卻為朝涼拓窻早，露氣吹香惜幽草。若教種得白蓮花，定有飛仙下清曉。重簾委地午陰長，坐盡閒庭待晚涼。西下夕陽東上月，兩番情緒斷人腸。

短歌報謝張大令敏求過訪

黑白太分天不喜，勒奪張公兩眸子。張公失明今十年，無燭夜行一千里。我不問君胡為來，但聞君至心骨悲。拙吏辭官類若此，不容竟與歸雲頹。章門此日難為客，城中積水已三尺。流亡家室不相保，靜鎮囂陵恐無策。君家郡守南昌太守寅。亦清官，未必能為生羽翼。徒有醴陵集十卷，奪取赤城霞五色。詩亦恨太雋，人亦恨太勞，一言差慰鬲心忉。孟塗才氣一世豪，生摧玉樹埋蓬蒿。與公且各保年命，腕底尚有秋江潮。不煩張眼看人世，綠鬢早向春前凋。

清平調三首應作也作此正之

雲衣花貌是耶非，天子方悲武惠妃。豈有詩人通六義，直將燕瘦比環肥。

歸興八首並序

前作歸田園詩，述初去官，自貴溪至南昌僑居情緒，非云已歸也。後讀少陵《秋興》，欣然慕之，輒不自揣，仿作《歸興八首》。時方盛暑，擬重陽抵里，故亦多言晚秋景物。貧居行樂，約署如是。

滄桑也祢一番經，眼底恩恩節候更。僮嬾任忘前度約，客歸猶盡去年情。米鹽且喜隨人減，篋笥從教逐日輕。老我自誇清興好，纔醒午夢又詩成。

行館蕭條鎮掩扉，閒庭那有燕交飛。頓疏蹤跡分金後，易放形骸入世非。半臂招涼當暑葛，三滄駴影相風旂。衰翁揮塵臨窗坐，頗覺風神所見稀。

約署年光是薄寒，魚羹正美可加湌。吾鄉有魚，俗名重陽俏，他月則無之。珠簾捲雨登雲渡，寶鼎團香禮斗壇。花發北原驚富貴，里中種菊處。月過西蠡便檀欒。肩輿處處逢陶令，暮色朝暉任意看。

當年此地是歡塲，晝錦歸來鬢未蒼。余所賃宅為劉贊善舊居之半。絲竹聲中山澤氣，綺羅隊出水雲鄉。烏衣地宅多新主，綠野林泉失故莊。聞唐謝諸園皆已易主，而錢氏南園頹廢殆盡。我本天涯倦飛燕，幽棲那稱玳府梁。

公瑾西頭北孝章，酒懷詩興未頹唐。結鄰不費千金買，解佩猶能一笑償。謂周大令盛少卿。戚墅水簾方賣蟹，謝園石炭待燒羊。洗裝為我長筵啟，應喜歸人老尚狂。

雙橋八字綠陰環，銷夏明年別有灣。話雨客來三鳳里，謂薛畫水太守。同州朋舊，年最長者。買花船返九龍山。芭苴展綠當冰簟，茉莉吹香上黛鬟。日日買瓜如斗大，瓊漿定得駐朱顏。貴溪無瓜，盛夏頗以為苦。

小有登臨奈病何，但通一葦許經過。夾橋花店尋蘭蕋，春月賣蘭者皆集蛟橋，無盧數萬本。蘭根有蟲，漬少鹽即化點，茶香甚烈，然絕不易得。四月田家餉麥螺。小麥別種。初實色淺綠，可生啖，名麥螺。猶記採菱餘畫稿，往偕稚存先生，趙屺山廬墅採菱，陳綠晴為作圖。不妨乞茗報長歌。家居大好閒消遣，何必名山結薜蘿。

廿年魂夢見松楸，望得兒歸已白頭。尚有薄田供菽祭，待營生壙勝菟裘。碑連十字題循吏，先君墓道循吏某君之碑，皋文先生篆書。冢置千家愧小侯。今日始將荊布換，先君先母凡四遇覃恩，先生母以不孝仕始得封。繡衣一色煥山邱。

偶與客談春秋時事客去自記其說如此擬他日續成數十章以盡所見故不復詮次

奚齊伊何人，是為君之子。荀息守大法，立弟無可訾。重耳及奚吾，抗命輒逃

死。此皆獻罪人，乃敢乘間起。惠公能不勞，討賊差可喜。

惠公國已定，弒圉罪加隆。快哉一炬火，烈熖生公宮。殉義行所安，反正難為功。力竭無所悔，七尺還蒼穹。趙狐信勳戚，呂郤皆純忠。謀漢受顯戮，從代膺殊封。攸攸論成敗，時命良不同。

讓國兩公子，季子與子西。延陵君子墓，至聖為手題。何獨於令尹，外之有貶詞。悲哉懷隟喪，慟絕子家羈。孰先為與衍，歸國恐後期。無心或人問，有觸故君思。重言意惻愴，千載聞紊欷。

桓公薨於車，文姜歸魯闕。當時齊魯間，訛言足驚絕。慈闈方慟哭，展甥敢窮詰。金輪無黷配，殿斧況失實。敝笱刺一興，與弒冤莫雪。大書我小君，煌煌聖人筆。

先聖有明訓，成仁勿求生。伊誰敢背馳，死節鴻毛輕。古書雜真偽，所貴決擇精。左氏述孔子，往往不可憑。魯論獨完善，大義炳若星。論仁最所靳，但許忠與清。及門日月至，重言譽齊卿。是豈聖人意，一覽實易明。我欲刪此篇，廓然守遺經。

范氏父子間，心傳紹周魯。從容髮一言，義與誥謨古。文子事亂君，非常幸無覩。執策前陳詞，汲汲傾肺腑。當時書優徒，寧識用心苦。惜哉兩大賢，生不值尼父。厥後瑗與嬰，名氏在論語。坿驥乃益彰，至今祠兩廡。

辭官將歸先寄董裕來周伯恬楊懷屺管孝逸四大令盛五洲少卿各一首

同學最年少，皤然亦老翁。防河雖報最，守土未論功。<small>李文成滋事潘令病，裕來以縣丞督士民固守，備極艱危。</small>諸子分經授，窺園守訓同。名元應善畫，為我寫歸篷。<small>君四子皆嗜學，季子舉京兆第一，故戲訊及之。</small>

不識饑驅苦，徒驚宦興豪。<small>伯恬以司訓期滿擇官。</small>驚禽無擇木，歸馬未安槽。百感銷晴雪，余才起暮濤。知君諱文采，所至客星高。

入室悲遺袿，輕舟又急裝。<small>聞懷屺悼亡後方主講嘉湖間。</small>鶯花隨處好，意思向人長。擬借三間屋，分儲一歲糧。朝朝樂情話，此願定教償。

與君同病合相憐，畢竟輸君小十年。<small>孝逸甲辰生。</small>知己久持天外節，<small>謂果亭先生。</small>舉觴冠絕飲中仙。一宵驚醒樊川夢，七字爭傳大歷篇。甚欲就君禪榻坐，不知可得至君前。<small>時余亦苦脛釟作痛。</small>

半規月上兩家知，橋北橋南對影時。見說孝章新善病，本來光祿最工詩。經

年楚澤搴芳杜，絕調燕臺付柳枝。記得紫藤花下坐，清譚豪興總堪思。謂五洲
邸寓。

腳病久不愈殆成廢矣

閒庭咫尺積春冰，蹣躄蹣跚畏客憎。行處本疑三寸短，續來可得一分增。此中
有鬼樓偏穩，幾度尋山病未能。壯年即無濟勝之具，四嶽皆交臂失之。紙上狂言公莫信，
大鵬賦筆自飛騰。

少年徒步抗黃塵，旅食京華白髮新。長揖眾驚名士氣，折腰悔現宰官身。戲扶
鐵杖稱仙丐，且向朱樓避美人。自是天公償積瘁，籃輿猶得看陽春。

枕上口占

飯原不健新逾減，書已全忘剩幾何。偏是朝朝攤不了，坐時常少臥時多。

略有雲山足臥遊，正商銷夏又延秋。如何豪氣除來盡，湖海翻登百尺樓。

黃犢精神感少年，而今牛老合耽眠。只憐農事曾無補，始悟半生耕石田。

草書縱筆便如飛，嬌女呼來代寫詩。卻看翁詩渾漫與，曉窗應悔界烏絲。

小兒五歲齒牙清，平上去入甚分明。懵懂神仙吾不喜，那煩懵懂作公卿。

夢醒最早起偏遲，每趁堂前會食時。蒸得垂垂長豆莢，鏤將縷縷露茄絲。

老妻西室我東室，談興恩恩亦易闌。卻笑侍兒不解事，傳呼長作客來看。

漫擬東皐記睡鄉，終朝醒眼戀匡牀。牀頭積得書盈尺，方覺窗明是夕陽。

七尺桃笙水樣平，綌帷雙捲小窗明。客來欲坐從君坐，謂張春槎、張南山兩司馬。君
有高談我解聽。

熱甚寓感

桂堂剛對日西斜，不隔炎風是碧紗。滯我尚餘蝱有劫，佩君難遣玉生芽。轉疑
明鏡銷霜鬢，那更長繩繫日車。除向故侯商卻暑，東陵可種鎮心瓜。

再寄孝逸

耐病心情劇耐貧，病歸已過幾番春。他年夾汝餘雙婢，兩世看伊字半人。君先
人亦有末疾。屬疾頗疑消渴誤，相思那得往來頻。烏衣馬糞三條巷，對影蒼茫怨
此身。

王文成祠

飛梟出林故巢破，梟噤無聲梟膽墮。儒臣戰績誰絕倫，盧中郎後公其人。捷書一昔馳行殿，照眼章江明似練。興亡事往何足論，倘使燕臺捉飛燕。

雜題

一編北宋勝南施，等是唐朝未晚時。顧影沉吟趙秋谷，惱人喚作六家詩。

老悖虞山肆詆詞，中書頭禿奈公何。無名花草落牆下，猶勝浮江木柹多。

畫家小景亦可喜，水淺沙明尺幅成。辛苦研經朱錫鬯，《風懷》一首冠平生。

嶺南三家豪傑士，蠻鄉特立作詩人。知否代興黎仲簡，又空規仿出清新。

迦陵詩格亞梅村，似此高歌亦有神。除許肩隨吳季子，哀箏遺響入秋雲。

亭林弟子潘次耕，其言磊落而光明。可惜不逢陳臥子，空同大復再齊名。

規圓方竹公已誤，蒸熟哀梨我欲愁。快意忽逢初白老，西山爽氣盡情收。

卷卷新編署別裁，長洲操選太依違。卅年計典分明在，一考何曾自定來。

佛藏仙經漫較量，半生持論費周防。尚書官大心轉小，也是隨人說短長。

本饒佳句稱才子，誤倒狂瀾是盛名。身後紛紜公一笑，彈章爭論死江陵。

鉛山懷抱最蕭騷，幅幅新詞冠本朝。啖到檳榔偏蹙額，紅霞一口嚼終朝。

七子稱詩誰最文，各修邊幅事琴樽。竹汀西沚窮經早，少作無煩悔子雲。

李侯佳句似陰鏗，杜老論詩氣最平。請為故人刪樂府，底拋心力學西京。

有以翡翠決拾求售者感而有作

積翠收千嶂，論沽抵兩鬟。此瑤今共寶，名玦卻如環。開府驚瑤管，如皋破玉顏。華年留不得，一笑鬢毛斑。

夜起對月

夢迴餘暑尚如醺，一展閒窗掃積氛。何必水樓方住我，恨無庭樹可棲君。客心難忘三旬雨，<small>聞貴溪已報水荒</small>。屋角低橫九老雲。自笑晝眠翻夜起，病中情緒共誰雲。

追輓楊介坪中丞

關西持節據徵辜，道左爭傳鬢未斑。此任本宜薨在位，殘年敢說倦知還。談禪

一疏如冰雪，講席三年護芷蘭。並有本事。今日舊游頻入夢，蕭蕭落木下英山。

六月二十二日夕枕上口占

回想頗無可愧事，生平僅有必傳詩。今宵一撒懸崖手，正是春蠶出繭時。

崇百藥齋三集弟十一

序 記 碑 銘 述

風希堂文集序

有黼黻之文，有布帛之文。微黼黻無以彰朝廷之等威，微布帛無以禦閭閻之寒沍。然則《卿雲》之麗藻，下逮齊梁徐庾之辭、宋五子之語錄，其皆無當於聖人彬彬之說者邪？雖然，偏廢不可將兼蓄之。若者黼黻，若者布帛，百責集躬，因應告瘁，而事物之求，其來無窮，文且終不貴於是。有能之者出焉，以為文則爛然，以為質則敦然。一人之文，一文之成，隨世所用，無不即是。是故物以偏為用，不偏是兩無所用也。文以備為用，不備是僅有所用也。至於不僅有所用。而文之為貴於天壤，乃至無復有加古之能之者，無不皆然。特有廣狹長短厚薄之不齊焉耳。

浦江太史，以華國之才，研治心之學，循求其序，未嘗不從《卿雲》、徐、庾返而求之於宋五子，逮道既成，文既備，黼黻布帛，不名一端。廣者、長者、厚者，用之大焉者也。狹者、短者、薄者，用之小焉者也。而其不分於用，則一而已。太史兄之子春塘先生，繼輅舉主也。繼輅從讀太史之文，常為是說以進，而吾師不以為非。會太史刻文集將竟，遂稍次第之，書其後如此。

蜀輶日記序

《蜀輶日記》四卷，舉主長沙公主考四川塗次之所輯也。謹按：《小雅·

皇皇者華》之首章「駪駪征夫，每懷靡及」，毛《傳》訓「懷」為「和」，鄭《箋》以「和」為「私」字之誤，言「受君命當速行」，不得懷私相稽留。其說頗隘。夫君言不宿，使臣之恒節，何足復相勗勉？「靡及」云者，深慮得〔註1〕澤有所未被，聲教有所不達。驅馳況瘁之暇，又當采風謠，問疾苦，以為歸朝之獻。故以下四章，「諮諏」、「諮謀」、「諮度」、「諮詢」，如此其辭絲不殺〔註2〕。蓋聖主賢君所望於其臣，有出於使事之外者。即《箋》所謂「揚君之美，延其譽於四方」，猶未足以盡此詩之怡也。今館閣諸公閒三歲一出，典直省試，其返命也，征途所經、置吏之〔註3〕賢否、年穀之〔註4〕豐歉，無不仰邀清問。苟非諮謀詢度，博考而周知之，將何以為書思對命之具乎？〔註5〕

吾師自翰林遷御史、給事中，屢上封事，為睿廟所向用。今上登極，遂膺封圻之寄。或徒見受任之逾等，而不知公之所自命與其所學蓄積於文學侍從之日者，為已久也。公著述絲富，是書裁五萬餘言，而建置〔註6〕沿革、郡邑〔註7〕利病、民氣〔註8〕淳澆、山川形勢〔註9〕險易、道里〔註10〕遠近，源流本末，粲然畢具。以視峻關防、勤校閱、以是為盡職焉爾者，其大小廣狹何如哉！〔註11〕使繼輅早得而讀之，或即能窺見及此，亦以證其皇華靡及之說。〔註12〕惜受知較晚，乃言之於已然。其可媿也夫！〔註13〕

〔註1〕《陶澍全集》本《蜀輶日記》載此序（陳蒲清主編《陶澍全集》第8冊，嶽麓書社2017年版，第348～349頁。下稱日記本），文字與此有異。「得」，日記本作「德」。

〔註2〕「殺」，日記本作「敘」。

〔註3〕日記本作無「之」。

〔註4〕日記本作無「之」。

〔註5〕「無不仰邀清問」至此，日記本作「清問所及，至周至悉，而豈徒峻關防、勤校閱，以是為盡心焉爾哉？」

〔註6〕日記本作有「之」。

〔註7〕日記本作有「之」。

〔註8〕日記本作有「之」。

〔註9〕日記本作有「之」。

〔註10〕日記本作有「之」。

〔註11〕「以視峻關防」至此，日記本作「夫造膝沃心之語，外庭不得聞。然而諮謀詢度之詳慎，書思對命之所取資於此，已略可識矣」。

〔註12〕「或即能窺見及此，亦以證其皇華靡及之說」，日記本作「或即能窺見吾師天下已任之志」。

〔註13〕「其可媿也夫」，日記本作「為可恧也」另，日記本另有「道光四年十月受業陽湖陸繼輅書後」。

閒雲集序

《閒雲集》五卷，恕堂錢公歸田以後所存詩也。公守廬州時，余與劉君珊、朱君錦琮皆屬吏之能為詩者。公期待優異，約以官事之暇，月一設饌郡齋，為譚藝讀畫之會。會必有詩。公詩恒先脫稿。然隨手棄去，初不著錄。已而，罷郡，寄居金陵，始稍稍存之。自壬午至丙戌，都五百餘首，可謂工且多矣。昔韓退之論柳子厚「斥不久，窮不極，雖有出於人，其文學辭章必不能自力以致必傳於後」〔註14〕。若以子厚未得為將相於一時為可幸，而司馬子長亦自以罪廢之餘，深致羨於虞卿之窮愁著書。古之人重文學而輕祿位，其所見往往如此。使公不罷郡，五年之閒，擢官度不過觀察、廉訪。國家承平日久，疆吏操圓循規，引方合矩，無豐功偉績之可見，而尚書侍郎之官，自公大父及其諸父諸兄又皆嘗為之。復何所增損於門戶之計，而顧捨其為己之事勩而為之不厭邪？此其得失輕重，誠不待子長、退之始得而辨之矣。公之詩婉約駘宕，以風調神韻自憙。雖不知於古作者，何如置之新城、秀水之間，宜可無媿。吾聞唐之詩人高達夫存詩最後，而公又後於達夫。使子長、退之而在，猶當恨公去官之不早，而又何憤激佗傺之足云也哉？輒因公之征序，書此以廣公。公且益自放於山巔水涯，以大昌其詩矣。

篋餘集序

《篋餘集》如干卷，松江張元卿箸。元卿自嘉慶戊辰偕計吏入都，凡十三年，始成進士。今官中書舍人又七年。故其所代名公卿譔擬經進文字及壽序哀辭，草稿多至盈篋。暇日刪錄成帙，以視余。余語元卿：昔顧亭林誚文士賣文，論者高之。余以為不然。唐時人有貧不可耐而責其友不求墓誌相活者，此其人必狷介之士。故他無可自贍，而計出於此。此與田夫機女賣穀與絲情事相類，而亭林顧深訾之，矯激之行，不足法也。君家累代通顯，清操之聲著天下。君一貧寒少年，久留長安，日事鉛槧，宴然有以自給，而無求於人。而名公卿之禮賢好士者，亦藉是為廣廈大裘之庇，而不至傷君之廉，不亦需遇之不疎而取與之交善乎？雖君文之工，非此集可盡，而此集出，而勤學屬志之士益可以自壯矣。且其文滔滔清便，不為空疎縿縛之辭，不可沒也。盍梓而行之？元卿曰：諾。梓既成，稍次前語，以為之序。

〔註14〕韓愈《柳子厚墓誌銘》。

餞冬倡和詩序代管含山作

往查梅史賦《餞秋詩》，傳誦皖中，余未之見也。去年九月，陳叔安追次其韻，中丞、廉使次第有作，余又未及與。後以官事至會城，歲云暮矣。蕭寺索處，風雪滿天，淒然有身世之感，輒仿之為《餞冬》四章。嗟乎！節序遷流，何一日不可痛惜？而羈人思婦，於春秋尤眷眷者，豈徒以風日之佳為可念耶？亦悲不欲其泰甚耳。至於餞冬，而此一歲之星馳電掣，乃真不可留也。詩成，兼以此意語諸同人，咸相顧嘅息，斐然屬和。蓋依然餞秋之人而已，非復餞秋之詩。夫詩何足盡意？抑非詩益無以伸意書生之見，且以為星馳電掣之或可留焉者，將於是乎在也。達者從而笑之，非所恤矣。刻《餞冬詩》竟，孝逸已返含山。同人急索一文為序，遂原其意成此。然余文與孝逸文初不類，故特存之。

韓孝女遺詩序

道光四年，余以合肥校官奉檄與修《江北通志》。唐君其寶為誦韓孝女《絕命辭》三章，肅然起立，淒然還坐，不自知涕之承睫也。孝女故順天人，然捐軀徇親，實在安慶。《江南通志》舊有《摭紀》一卷，輒從其例，述孝女事入焉。嗟乎！傳與不傳，豈孝女思慮之所及哉？而吾心之所不能已，一若世之人有一不知孝女者，皆當引以為咎，而初不計孝女之非以為名也。孝女有姊之子宋君份，余年家子也，益求孝女平生所為詩，錄以視余。余受而讀之，亦不過中圭，即景賦物之作云爾。而淒然如聞《蓼莪》之詠，肅然如謁曹娥之祠，蓋於孝女一人一事，而涕已為之再陸也。於虖！孰無父母，而孝女乃獨相從於地下也耶？吾友管君繩萊、楊君大墉亦早抱何怙之痛者，來索此帙，將為刊板以行，因書以畀之。孝女名孝梅，事具余所譔僑葬誌。

曹谷生詩序

年來，朋舊之詩次第刊行。周保緒曰《介存詩鈔》，宋於廷曰《洞簫樓詩紀》，吳蘭雪曰《香蘇山館集》。僕既盡讀之，而訝焉。訝夫三子者，其學於古同，而自為之則何其不同也。或者曰：此豈人之性情為之也？然三子者，僕皆習之，其性情又未嘗不同。學術之同，同其流也。性情之同，則同其源矣。而卒不同，何也？閒嘗以語曹君谷生，因復縱讀谷生之詩。谷生習於僕，較三子者為後，而僕之知谷生，則無以異於三子也。性情同，學術同，而詩又不。同

然則自皇娥拊瑟,至今三千年,更自今推之,至於億萬年,其卒無一同可知也。其中有求其同者焉,鍛鍊章句,切磋聲音,庶幾古人矣,同乎則未也。益有進而求其同者焉,忠孝篤棐,先行後言,庶幾古人矣,同乎則否也。此其故,雖質之曹、阮、陶、杜諸公,吾知其不能言也。嗟乎!詩之流傳日益多矣,彼求同者,固終不能同。即求異者,亦豈能自異哉?憶春夏之間,僕與谷生皆抱痾。谷生之疾在肺,而僕之疾在肝。肝之疾為張懣,張懣之苦之不可堪,僕不能喻之谷生。谷生亦不能以肺之疾喻之於僕也。已而,皆向瘉。向瘉之樂,交相慰而不能互相喻,如其疾時也。浮生百年,亦易盡耳。然而遇有通塞,境有苦樂。菀而不宣,張懣滋劇,故賢人君子多喜為詩。為之不已,則苦樂之相乘於無盡也繼。自今僕與谷生之詩,庶幾日以少乎?彼三子者,方牽率於世,詩且日益多,殆將有同焉者邪?他日相見,當復以訊之。

詩況序

桐城汪子奐之論列師友之詩,為《詩況》一卷,都六十八人,而以己附於後。余語汪子:「著《詩況》難於著《詩品》,何者?泛論則易為高譚,專屬則溺於偏嗜。子之為此,得毋有何平叔、夏侯泰初標榜之餘習乎?得毋有門戶同異之為見,如蜀洛之相詆諆者乎?」汪子曰:「無有。」余受而讀之,而信其果無有也。雖然,況之為訓,寒水也。引而伸之,秋風一簾,委巷索處,眷懷同心,涕下如雨,是為別況;白日欲頹,炊煙未起,左歡孺人,右泣穉子,是為窮況;簷漏斷續,瑣窗沉沉,藥爐乍沸,時聞呻吟,是為病況;蹇驢不前,扁舟獨往,回首故鄉,雲山莽蒼,是為旅況。凡斯意緒,花骨為之凋豔,綠鬢忽而成絲,頹仰顛易,無可披訴。不得已而發之於詩,境既各殊,詩亦萬變。汪子即身具千手,手操千管,亦何以形其愁苦而狀其悲思乎?然而字減於司空,論定於五官,似比似興,亦莊亦元。余所知者,蓋三十有九人,一一呼之如欲出焉,唏其工矣!閼逢之歲,于役皖城,汪子過訪寓舍,徵為之序。於時冬也,凍雲接屋,雪花待飛,如前所云諸況畢備。因書之,以訊汪子,將每下而愈況邪?抑且以無況況之邪?

快雪時晴室記

合肥學舍偪仄,內室裁四楹。其中為會食之所,東室余所居,又東余妻居之,西室弟三女兌貞居之。兌貞好作書,十四五歲時,小楷學歐陽詢,徑寸者學裴休。既盡得其法,年來益放筆作徑八九寸者,尤有遠韻可玩。余嘗以所藏

快雪堂集帖與之，因自題其室曰快雪時晴。然甚湫隘。土牆開一竇，界竹縱橫，強名為窗，黝然也。兌貞居之一年，其壻楊郎來，就昏居之。又四年，楊郎雖頻歲歸省，然欲挈婦而去者屢矣。余無以留兌貞，則留楊郎而課之。楊郎慧，所業日進，汲汲乎復有去志。會余以大府檄修省志至會城，方伯東海公者，故人也，館余於署舍。室亦四楹，而湘簾棐几與紙光日色相照燿。庭前奇石嘉樹，景色如畫，顧余夕而臥，臥而夢，則無不在西室中，見所書快雪時晴字也。已而，白日掩卷，即亦如坐西室中，見楊郎夫婦連几讀書也。唏！孰使余安於異鄉，習而忘其室之陋，且暫去之而眷眷若此者邪？兌貞乞為記久矣，至是聊書以訊之。

守廬記

　　古孝子之終事其親也，葬有定期，墓有定位，而陰陽、拘忌、吉凶、向背之說無聞焉。說者謂成周之世，葬術未行，故為是簡易耳。不知堪輿之學，出自黃帝。以周公之多材藝，寧有所不及知、不及能，而顧決然著為令如此？於虖！聖人之慮遠矣。且禮固有殺於古而隆於今者。古不廬墓，而今廬墓應旌典；古不墓祭，而今墓祭，自天子達。鄭氏《周禮注》：「墓者，孝子之所思慕也。思慕之不已，而祭焉，而廬焉。」聖人所哀矜，禮之所不禁也。郭景純曰：「葬者，乘氣生也。」言乘地之氣，以生其先人也。夫以地氣之淳漓，別吾親體魄之安焉與否，孝子之情有不皇然者乎？然而體魄之安否，不可得而知，則又不得不驗之於

　　子孫之禍福。凡在人子，其初心蓋鮮不如是者。至於鶩之不已，而為慢為渴為爭訟為兄弟相乖離，其弊乃叢生而無所底止。此則聖人之所不忍明言者也。聖人不忍言，而未嘗不逆料及此，於是決然定其昭穆之位。五月、三月、踰月之期，胥天下而壹之，而孝子之情乃無復有所過不及。於虖！此則聖人之遠慮也。

　　桐城之俗，溺於求地。汪子正鋆、正榮獨守其賢母成太夫人之訓，不惑於形家之言。既葬，築室於墓傍，以為上塚齋宿之所，署曰守廬。而徵為之記。汪子於是可謂知禮矣。於其隆於古而無弊焉者，則從乎今；於其隆於古而有弊焉者，則從乎古。吾不難汪子致其情以合禮，而尤難汪子之抑其情以合於禮也。若夫禍福之事，操諸人之自召，天且不得而主之，而況於地之塊然者哉！他日式是廬者，皆守汪子之所守，以求永其世澤焉可也。

淵明詩意圖記

《淵明詩意圖》，故少司空劉圃三先生暨其封公資政府君二子鴻臚、贊善三世畫像也。司空，乾隆戊辰進士，而此圖作於乙酉。通籍十八年，已歷卿貳。鴻臚已官中書舍人，充軍機章京。贊善已舉於鄉。家門方盛，而公偶然有田園之思，毋乃非大臣移孝作忠、國爾忘家之義耶？抑又聞謝太傅、王公之度，六人之容，而寢處有山澤閒儀。司空盛年高位，抱出塵之志，殆所謂泥塗軒冕者耶？皆非也。蓋嘗論之，人情不甚相遠也，然而漢、唐、宋、明姦臣權相始必讒諂面諛，繼必排詆善類，逮本心既失，倒行逆施，至顯然與清議為讎，而禍乃延於國家，殃亦及其後嗣。此其人豈生而以小人自命者哉？特戀祿固寵之一念不能自克，敗壞遂至無所終極。史冊所載，如一轍焉。夫人臣以身許國，若諸葛武侯可云義之盡矣。而種桑八百株，已預為功成歸隱之地。司馬溫公先天下之憂而憂，後天下之樂而樂，而退居伊洛，至十有五年。伊古以來，忘身殉國之臣，皆其難進而易退者也。難進，故無所趨；易退，故無所避。無所趨，無所避，而後殿陛有風裁，士林有氣節。風聲所樹，非細故也。觀於司空，可以得古人之概已。繼輅不及見司空，而於贊善則婁接桮酒殷勤之歡。又獲交於公子雨田、潔田、春田及鴻臚子福田。道光戊子三月，始從福田獲觀此圖，距作圖六十四年矣。卷中曾無一文一詩之題識，又以窺見司空之用心。其所以自盟幽獨者，初不欲見之於人，而特隱示其意於其子孫，以是為仕宦之式度云爾。然則雨田兄弟宜何如廉約退讓，以無隳壞其家法哉？

楊忠愍私印記

楊忠愍私印，曲阜顏氏所藏，吾鄉洪稚存編修印得一紙，裝治成冊，後以貽其姊之子史君夫私。印以鈐書畫箋素簿籍，自公卿大夫下至吏胥市賈，無不有之。而此石以忠愍故，閱數百年，為世寶重，豈非忠孝之性盡人而具之大驗乎？而或以為不可幾及，則與乎自誣之甚者也。若編修者可謂不自誣者矣。嗟乎！既免殊死，又得生還，此豈意計之所及哉？彼惟不懲于忠愍之前事，乃其無愧于忠愍者也。道光八年四月，獲觀於史君，時距編修之亡二十年矣。感念昔輈，揮淚書此。

安徽布政使司題名碑 代邱方伯作

自昌黎譔《河南府同官記》，歷宋、明以來，作者往往有題名碑文見於集中。夫國家任官，以熙庶績，各視其人之德與才以為貴賤，而亦未嘗無才德之

不足以副者厠乎其間。當其時，或不甚相遠也。逮其後，乃昭然如黑白之分，蓋愈久而愈不可掩焉。是以君子敬其名。名也者，所以使百世之後考其行之醇疵，與夫職之稱否者也。大朝沿明制，各直省置布政司使一人。凡守土之吏咸隸焉。大江之南，地大物博。高宗純皇帝知其不易為，特析而三之，而安徽所屬，猶八府、五直隸州。以水旱之不常，盜竊之間作，徵令期會，已幾幾乎日不暇給，又況處其下者！其聰明才力既各有所挾持，而臨之在上者，又不能無識與學之互異。苟喜怒之偶偏，嗜好之微著，皆足以啟窺伺之端，而衰剛正之氣，是可懼也。余以乙科出為縣令，再躓再起，仰蒙聖天子特達之知，累邀不次之擢。數年之間，洊至岳牧，此宜何如報稱高厚者，而時清政舉，無可興革競競焉。素餐是懼，實之不存，名將安附？抑吾聞之，儒者立身，要諸畢世；君子為政，徵於去思。他日有指其名而為之慨然興懷者乎？則是碑也，抑亦無言之監史，而自儆之箴銘矣。碑自乾隆二十五年分藩閩中，許公松佶始蒞安慶，至今道光八年，凡題名若干人。

課孫研銘

其形不成方圓，而體用兼備。古人誠有之，非汝所逮也。聰乎尚操規合矩，以無棄於世乎？

雪慧學書研銘

始太勤，終廼怠。銘汝研，以為戒。

玉帶研銘

主人草衣研、玉帶研，以人傳，孰為貴。

韜劍張琴室銘

嫉俗每太嚴，看劍寄薄怒。援琴一再彈，於物悉無忤。

守歲研銘道光庚寅除日得之宣武坊南市上

歲不可守，壽則可延。猗嗟石君，照我長年。

陶中丞五十述

陶中丞，湖南安化人。贈公。諱必銓。修行著書，為校序所矜式。歿祀鄉賢祠。中丞嘉慶五年舉人，七年進士，改庶吉士，授編修，轉御史、給事中，

屢上封事，直聲甚著。嘗奉命巡視南漕，值祁寒，河冰膠舟，堅不可鑿，禱於神，冰忽泮，糧艘得行。其後巡撫安徽，適鳳泗間飛蝗害稼，復禱於神，有青鼉數十萬，食蝗至盡。士大夫先後詠歌其事，得詩至數百首。中丞備兵川東，歷晉臬、皖藩，皆有善政可記。繼輅知不能詳。

其巡撫安徽也，創修省志，改建育嬰堂，增書院生徒膏火之貲，事舉而民不擾。江北歲屢不登，設義倉，興水利，所以備之者甚至。皆得旨允行。尤銳意揚激清濁。部民屬吏有以治行文學見知者，延登上座，未嘗引嫌吏治，士風方蒸蒸日起矣。旋因籌辦海運事宜，有旨調江蘇巡撫。抵任，即具疏言，折色不便，上嘉納。逮甫漕出海運，安抵津門，遂拜花翎之賜。中丞為人恢廓自信，似寇萊公；表裏純白，似司馬溫公。長身修髯，豁如也。於學尤精地理、氏族，所著書及古文辭，門下士屢請梓行，謙慎未許。所已梓者，惟《蜀輶日記》四卷、《皇華草》三卷，皆典蜀試時作。詩兼學子美、義山，以典麗律切為主，論者謂自陳臥子以來，未之有也。書學李北海。

道光七年十一月，長沙公五十生辰。安徽門生故吏將為詩以壽公。壽州牧朱君士達首過繼輅，索公事畧，繼輅草數百字與之。雖不足以盡公，然諸君因之補所未及。聲韻之作，亦足以取資矣。

崇百藥齋三集弟十二

墓表　墓誌

侯選道前兩淮運使廖君墓表代長沙公作

　　道光四年正月乙亥，前兩淮運使廖君終於順慶私第，春秋七十有四。赴至江南，江南士民雪涕相告語，若猶憾君壽之不延，而門生故吏為位而哭者，所在多有。蓋君以殊勳顯名當世，顧其宅心行政，脫然一出於至誠。故既去，而遺愛之在人如此也。公子思芳先卒，孫均承重以書告葬，且徵文。

　　按：廖氏自前明大理少卿錠始居蜀，為順慶府之鄰水縣人。君祖廷玉，本生祖廷獻，考能容，並贈中議大夫、兩淮都轉鹽運使、司鹽運使。祖妣馮，本生祖妣杜，妣劉，並贈淑人。君諱寅，字亮工，由縣學生中式乾隆四十四年舉人。六十年，大挑一等，分發河南試用。期滿，補葉縣知縣。嘉慶三年，充河南鄉試同考官。五年，賜花翎，特授江南鎮江知府。七年，擢江西吉南贛寧兵備道。十三年，擢兩淮都轉運使。十六年，失察，家人被議降一級，以巡守道入候部選留京。二年，江南鹽巡道員缺，次當選，而君疾作，遂請急歸。歸又八年而歿。君之官知縣也，值朝廷用兵川陝楚豫，教匪忽聚忽竄，出沒倏忽，而葉縣地當其衝，方列兵城門為守禦計。公子思芳奉命有所稽察，雜候騎出城五里許，見兩人露膊坐柳樹下，其一人狀貌怪偉，公子訝而睨之，由他道還入城以告城門兵朱中林。公子去，而兩人者至，一為冀大榮，中林舊識也。因迎與語，詢同行者，知為張掌櫃。語稍洽，相邀糸飲肆中。大榮陰欲洩之，乘間

語中林，此非張掌櫃也。劉之協兵敗於鄧州，去其眾，將迂道入南陽，圖再起耳。中林大驚，目其儕，使馳報公子。公子方濯足，跣而往，從後挈之協佩刀，斷其褌繫，之協俯護褌，公子扼項僕之。而君帥吏卒亦至，遂其前縛之協，擁至縣鞫之良。是時，嘉慶五年六月二十八日也。事聞，睿皇帝大喜，有旨進君五階，而冀大榮以把總用，河南遷官者數人。之協，江南之太和縣人，故教匪大頭目。乾隆五十九年，起事於河南郟縣，稱為天王。至是始伏誅。群賊失其本師，稍稍解散。經署額勒登保等以次勦捕降斬，四省悉平。君既以軍功特擢鎮江，吏民意君武健，惴惴恐不得當。而君仁慈煦嫗，一以化導為主，暇則與諸生講治心復性之學，俾砥行為鄉里矜式。其後以轉運復來江南，益銳意為國家養士。凡所羅致，陽湖惲敬、臨川樂鈞、東鄉吳嵩梁、南昌萬承紀，皆曠世逸才，高自標置。君以盛德雅量周旋其閒，咸悅服，執弟子禮惟謹。君之在贛州也，所屬縣復有倡習邪教者，聚徒眾將為亂，曰周達濱、汪濃望，起會昌；曰魏朝宗，起安遠。君偵知之，不遽勦，而手自為教，於禍福自召之理反覆言之，以三字斷句，使人人易曉，傳誦者聲淚俱下，其黨相謂曰：「是擒劉之協者，乃能諄諄告誡如此。此其意欲全活我曹也，不可負。」遂各擒其魁以獻，論達濱等三人如律，余悉原之。君之寬於用法，而銷患於未形如此。君娶於邱，生丈夫子二：長即思芳，次思莊，候選同知。孫十二人：均，嘉慶十五年順天舉人，整飭江南鹽法，分巡江寧道；次圻，河南布政使司經歷；次增，縣學生；次垣，次堵，次堪，次域，次埏，次塏，次壎，次塝，次墀。曾孫七人：鑾章、麐趾、鉉章、韡昭、長馨、鏞章、長齡。均等以某年月日葬君某鄉某原。振威將軍安徽巡撫長沙陶澍表。

穎州知府劉君墓誌銘

　　劉君諱珊，字介純，先世南昌人。遠祖汝材，明僉都御史，始遷漢川縣之周陂鄉桐疃。曾祖岳，贈中憲大夫、奉天府治中，加二級。祖世棟，任山東鹽運使、司濱樂運同。父修程，任江南金壇縣丞。母萬。君嘉慶十二年舉人，十六年進士，分發安徽，以知縣用，權桐城，補天長，調合肥。二十四年，大計卓異。未及引見，特旨陞泗州知州，旋署穎州府事。道光二年，又奉特旨陞廬州知府，大府奏調穎州。以四年正月二十三日卒於官，春秋四十六。

　　君擅文譽最早，甫弱冠即名動公卿閒，海內文學之士願納交者甚眾。君益意氣激發，以古人自期。及來安徽，又與無錫薛君玉堂、武進李君兆洛、海寧

查君揆以經訓吏治相切磋，名籍甚。余與君定交在三君之後，而君彌留之際，氣絕復蘇，諄諄以墓石為託。君子幼不能詳知君志行，僅就余所及見者三事為文以報君。

其一事，君既調合肥，相度地勢高於他縣，不能蓄水，雨澤稍不應，期耕者即束手無計，以故年屢不登。君與紳士耆老議，每田十晦捐二十之一，以為塘。民初難之，君親歷鄉村，諭以周官溝洫之制、蓄泄之利，民乃悟。役既興，又為之獎勸勤惰，塘卒以成。自塘之成，逮今五年，歲常大稔。

其一事，泗州多水患，歲洊饑，居民苦之，尤甚於合肥之苦旱。前牧請挑濬灘河，冀水有所容。凡歷三牧，假帑至七萬三千有奇，每年攤入地丁銀徵納，號為河帑。泗民未享濬河之利，反受帶徵之累。君甫上事，即啟請奏免，以舒民力。使相孫公玉庭大然君言，通論三江有類泗州者，州縣以聞於督部，督部以聞於朝，竟邀恩旨得免。

其一事，君之署潁州也，有河南奸民邢名章者，習邪教，將為亂，署軍師元帥等偽官，先復讐於阜陽之岳家莊，奪其室居之。會大雨，期雨止，入潁州城。君聞警，急召營官部勒步騎百餘人冒雨出城。城中士民叩馬而阻者以千計。不可，則願隨往為聲援。君命人持草一束，既至岳家莊，四面深溝，雨甚，水漲不得渡，賊望見大譁笑。於是持草者悟君指，爭前投草溝中，水暫壅，君鞭馬先馳，州將及兵名大呼繼之。賊出不意，倉猝散亂，遂縛名章及其孥以歸。事聞，賜花翎，擢廬州。

嗚呼！君以外吏再邀特達之知，使稍假之年，所建樹寧止於此？卒之仕不盡其才，權不副其志，學不竟其業，此在造物者往往有然，而君又值之，為可悲也。君遺詩十二卷、續五卷、文二卷、詞一卷、《劉氏藏書記》十二卷。配恭人方氏，妾張氏，並守志。男子子二人：祿，幼殤；德滋。女子子五人：壻曰汪為柱、王敦臨、金大鏞，余未行。道光五年月日葬某鄉某原。銘曰：蘭芽茁，霜與期。雲上天，風泊之。吁嗟劉君止於斯。

內閣中書徐君妻陳安人墓誌銘

於虖！女子從夫，至弱冠登上第，內直秘院，外掌文衡，才名聞於四方，箸述傳之百世，如此亦可無憾已乎？曰無所憾矣。然而憂傷菀湮，疾病顛領，卒以損其年命，則又何哉？於以歎古君子身處貴顯，而性情之際，亦往往有悵然不能自解者，特文辭遊覽節宣為易耳。中圭既無可寄託以自疎放，壽命愈以

不延。於虖！斯愈可哀矣。

余與同歲生徐君星伯不相見十四年矣。會以官滿入都，急過訪之。時除婦服已五月，留余坐繐帳旁，刺刺譚別後情事。因稱其配陳安人之賢，且曰：葬有日矣，惟是藏幽之文未有所屬。而吾子適來，敢以為請。又曰：吾妻之亡也，疾深矣。然吾嘗夢亡友方二勘者來邀余作冥官，余辭以親老。方沉思良久曰：「此職，婦女可代。姑以告之主者。」未幾，而吾妻溘逝，是殆代我死邪？夫鬼神之事，儒者不言，冥中即有官司，亦安事婦人？此誠不足深論，而安人之所以為賢，又非有奇節偉行之可述，宜星伯悲之之深久而無可自慰也。安人年二十三歸星伯，時星伯已舉京兆試，充宗學教習。又三年，以二甲一名進士，改庶吉士。又三年，授編修，兼領武英殿文穎館唐文館纂修，提調程課促迫，間十許日始一歸休沐。凡定省溫青之節，悉以委之安人。星伯側室子，安人婉嫕兩姑間，動合禮意。又二年，星伯視學湖南，乘傳先往，安人奉舅姑後至。至之日，稱觴於使院，時安人已先受六品封，翟茀上壽，戚族以為榮。語次，星伯泫然流涕曰：此為亡妻平生開口一笑。甫一年，而余戍新疆，荷戈出嘉峪關矣。安人在室，即有氣逆疾。嫁而逾劇。每疾作，輒暈絕。逮星伯下湖南按察司獄，籍沒筐篋，逮繫僮奴，盡室驚擾，安人上寧舅姑，下撫子女，憂憤不形於色。凡九十日，獄詞具，星伯衣短後首塗，安人奉舅姑北歸。當此之時，同官屬吏無一介存問。資斧缺乏，水陸間關，僅以得至。而夫婦死生契濶，相見未可期，都門第宅又毀於火，家日益困，心日益傷，疾屢大作，狀尤險怪，醫師驚阻，罔知所治。星伯在新疆九年，以修志成得釋戍。其明年，今上登極，特授七品清要。安人涕泣感荷國恩，以為自今夫婦冀得相保。乃星伯歸六年，安人疾終不平，以致不起，時道光五年五日八日也，年四十有七。星伯之所言者如此。星伯所不及知與知而不及為余言者，不可得而詳也。安人諱壽娥，山陰人。父凱，官城武丞。母某孺人，生安人數年而歿。繼母某孺人。星伯名松，內閣中書舍人。子祖望，宛平縣學生。孫守元。安人之葬，以八年月日，其地在京師某門外某鄉。銘曰：夫子之志，窮愁箸書。惟安人之賢，與共千古。其無爭此旦夕，以安於其居。

韓孝女僑葬誌銘

韓孝女名孝梅，宛平縣人。父藻，乾隆間舉人，江南東流知縣。母陳夫人。孝女有夙慧，年十餘，讀《詩》至「女子有行，遠兄弟父母」，即掩卷涕泣，終日嘿嘿有所思。既長，有請姻於東流君者。女聞大驚，白陳夫人，願終養不

嫁。東流君不許,女伏地,頓首出血,慟哭固請。良久,東流君泫然命女起,曰:「吾窺汝久矣。今從汝志。」女乃大喜。會東流君去官,貧不能歸,諸子先後出謀養。女代陳夫人執家政,暇則侍東流君讀書,賦詩論說史事以為笑樂。東流君、陳夫人怡然忘其身之在客也。久之,東流君年老病篤,女自為青詞,刺臂血書之,請減己祚益親,焚於城隍神祠。祠中仙靈鬼物泥塑壁畫,次弟跪拜,哀泣陳愬,語往復不已。守祠者不忍聞,掩涕引去。而東流君卒不起。女每發聲長號,左右婢妾皆哭,弔者汍瀾沾襟,鄰婦相呼,避歸母家,而女亦毀瘠垂斃,氣不絕如縷。陳夫人撫之而泣曰:「吾老矣,兒寧不少待耶?」孝女張目應曰:「不敢。」於是稍稍輟哭,強起進饘粥。逮易衰麻,權家政如故。東流君好讀書,女盡發寓舍所藏。侍陳夫人午食竟,則詣東流君畫像前,抽一帙置案上,旁立展卷,卷盡更易他帙,日三帙以為常。自東流君歿之八年,陳夫人亦病。彌留之際,凡子若婦若他女若孫若外孫並有所訓誡,獨於女注視無一言。而女已於是日絕粒食,作書報東流君:「兒力竭矣。母疾終不可為,行奉母見吾父地下。」嗟乎!伊古以來,人子之事其親,未有以身殉為孝者。孝女之意,直以為悲而生不如樂而死,死侍二親如平生歡耳。於虖!百年亦易盡矣。泉塗之就養,果無窮期邪?未敢以為信也。孝女既不食,家人勸阻百端,不聽。一日,若見陳夫人自外至,急呼曰:「母來矣。」遂絕。時道光四年九月十一日也,年四十有二。越八年月日,兄保萬僑葬孝女於懷寧縣某鄉某原。銘曰:嬴博之葬,聖人以為知禮,是惟孝女之墓。既安既,固俾魂氣還於故,居以忘其軀。

朱烈女墓碣銘

陸繼輅曰:甚哉,童養之非禮也!雖然,單門窶族,或墮地喪母,非仰哺他氏,勢必不育。情事悲慼,知而越焉,抑可哀已。然其中又有不幸而夫死者,復以從父之禮責焉,是重失也。夫古先聖王,誠未嘗繩人以死。而忽有一人貞志慕義,不驅而趨星雲麐鳳之瑞,奚過焉?況以下殤之年,從容舍生,視為固然,無所跂勉,如朱烈女者,乃所謂夙惠者也。

烈女名義娥,寧國縣東鄉人。今泗州訓導元鼎女。晬失乳,將乞養於同里仙氏。仙大葵者,請於元鼎,以配其子孫柳,因以女歸。女在仙氏九年,年又加一,而孫柳殤。女方出痘,號慟自抉其痂,流血被體。姑抱持之,願易婦為女。女益悲,曰:「父命為婦,不命為女。今女,我行且嫁我矣。」遂不食,竟以死,時道光四年二月也。大葵、元鼎以女幼,故不敢以聞於行省。越八年

五月，巡撫鄧公廷楨知其事，始為具疏，題請旌門，祀祠如律。此其合葬之墓。銘曰：生不同棲死同瘞，赤豹文貍逐遨戲。我表茲邱諗千世，執戈無殤箸左氏。葵有他孫當柳嗣，俾柳成人女之志。

無為知州劉君墓誌銘

劉君諱用錫，字福田，武進人。曾祖樞，有隱德，以子官封奉政大夫、左春坊庶子。祖星煒，乾隆十三年進士，工部左侍郎。父謹之，二十四年舉人，禮科給事中。母湯夫人。湯夫人父先甲，以直言受知純廟，學者所稱時齋先生者也。湯夫人少稟庭訓，矜尚氣節。給事君歿，雊經以殉，事聞，得旨旌門，祠祀如例，而特贈給事君鴻臚寺卿。本生父種之，三十一年進士，右春坊贊善。本生母陳夫人，繼母史夫人，生母毛太宣人。吾鄉仕宦，劉氏為尤盛。文恪、文定既先後入相，而少司空與從子躍雲復相繼為卿貳，鴻臚、贊善兩君又皆早達，內值機庭，外操文柄。君幼習華腴，多聲色裘佩之好。弱冠即入貲，以河丞待次畿輔。嘉慶七年，余下第，暫留京師。君嘗奉督部急檄，冒盛雨，馳騎入都，造余寓舍易濕衣。余止之宿，因戲語君：「官有何樂，雨行憊乎？」君笑不答，申旦別去。自是與君不相見垂二十年。後余司訓合肥，君由宿州任降調捐復，補無為知州，以事謁府，歲常三四至，留或十許日。余見君謙謹儉素，大異少年時。從容問君：「近日頗讀書邪？何氣質變化之速也！」君正容起立，應曰：「用錫非能讀先聖之書也，所讀乃《陰隲文》、《覺世經》耳。」余邀君復坐，請竟其說。君乃言曰：「用錫幸生積貴之後，席履豐厚，而不察其由來。今乃知一粟一縷皆先人積善之所留貽，用之如泥沙，澤且竭矣。大懼世德之不延，以貽憂地下，欲自修省，而未知所從入之路。惟此二書，文辭易曉，置之案上，每日入則嘿誦一過，自計晝之所為不相背馳，乃敢即安。五年於此矣。」嗟乎！士以躬行為貴耳。章句之儒，日誦經傳至數萬言，使無一言徵之實踐，即程子以之比於玩物，豈過論哉？《陰隲文》、《覺世經》，誠道流依託之所為，經師文士之所不屑道。然觀其所勸所懲，條目簡質，以之省身寡過，事實而易行，言近而可守。《書》不云乎？「知之非艱，行之維艱。」余與君不相見久，固疑君氣質之有異，而不圖君知非之早，向善之誠，乃能如是。使天假之年，造詣豈復可量？故於君之暴亡，不自知哀悼之過情也。君官無為六年，甚得民譽，而吏胥多怨之者，遂為所訐。道光八年三月，詣行省置對，事白將行矣。四月十八日晨，謁上官，還至寓室。忽僵僕，醫來，氣已絕，曾無纖芥之疾。時距芒種節尚六日，暑驟盛。翼日，斂面如生。年四十有八。君配湯宜人，繼

配趙宜人。男子子四人：長承恩，殤；次承惠，次承忠，次承志。女子子七人：兵部郎中朱金質、兩淮鹽大使倪葆琨、候選布政司照磨蔣子軾、海寧州學生陳溥，其壻也；余未行。昔方侍郎苞志查編修慎行，亡其事狀，遂就所獨知於編修者述焉，而以為他事固可不具。今君所自言於餘者，已幾幾乎見過自訟，則其他尚何足言者乎。他日承惠等以此文納君之藏，不病其略而易焉，是君之所賴也。余第使君名見於余文，如蘇文忠之於王晉卿，斯已矣。銘曰：馬蹟平遠，龍游蜿蜒。君子之澤，五世是延。蓄德艱哉，不節斯匱。世祿之家，隆隆易墜。處士修行，乃毓司空。鴻臚繼之，其積益豐。粲粲門子，非性之殊。以飽以醉，以耗其儲。猗嗟劉君，不遠而復。省愆如耘，甘善若谷。奈何不祿，中葳云殂。未竟之志，以最諸孤。

建德訓導呂君墓誌銘

嗚呼！人生窮達修短，至不齊矣。是皆有主之者邪？一一較量而差等之，將不勝其繁，勢不能無所寬縱。天枉而人之偶值其誤者，幸不幸於以分焉。自古聖賢豪傑無不俯首歛氣，順受而不辭。降而至於文字聲律之能，一官一邑之任，其顯晦得失又豈足道哉？

吾友呂君，於翰詹之所宜學，無所不學；州縣牧令之所宜習，無所不習。乃進不克居侍從之班，外不獲受百里之寄，鬱鬱以死，抑獨何歟？吾意主者之誤其類乎？此者殆多而不可勝數。而吾儕小人各就其意之所睞與目之所親見，而悼歎惋惜之，亦所不禁也。

君諱星燕，字君奭，陽湖人。考光復，乾隆間召試舉人，官內閣中書舍人。君中式嘉慶九年順天舉人。二十二年，大挑一等，授建德訓導。官滿，巡撫江寧鄧公將以吏才薦，而君不及待，以道光八年六月戊戌卒於安慶寓舍，春秋四十有九。時余與君同輯省志，旦夕相見。瀕訣，顧余曰：「已矣。君試為推原其故，以誌吾之墓。」嗟乎！此豈有故哉？特君之偶值者如是焉而已。君之孤慰祖，故從余遊。以是年月日奉君柩歸陽湖。越月日，葬某鄉某原。銘曰：君之先有大魁而為宰輔者，自其淹忽者而觀之，亦豈有異於君乎？於虖！君乎尚從遊於太虛以忘其身乎？